J. Oswald Sanders
Und die Menschen ohne Evangelium?

W0247365

J.Oswald Sanders

Und die Menschen ohne Evangelium?

Brunnen-Verlag · Basel und Gießen
Zusammen mit Frontiers, Rheineck

ABCteam-Bücher erscheinen in folgenden Verlagen:
Aussaat- und Schriftenmissions-Verlag Neukirchen-Vluyn
R. Brockhaus Verlag Wuppertal
Brunnen Verlag Gießen
Bundes Verlag Witten
Christliches Verlagshaus Stuttgart
Oncken Verlag Wuppertal

Titel der englischen Originalausgabe:
»What of the Unevangelized?«
© by Overseas Missionary Fellowship Ltd., Singapore

Übersetzung: Emmi Baumann

4. Auflage 1996

© 1986 by Brunnen-Verlag Basel
Umschlag: Markus Frehner, Wollerau,
unter Verwendung des Archivs von Frontiers, Rheineck
Druck: Clausen & Bosse, Leck

ISBN 3 7655 3267 3

Inhalt

Vorwort

In diesem Büchlein packt der Verfasser ein „heißes Eisen" an. Der Herr hat Seiner Gemeinde die volle Verantwortung für die Verkündigung des Evangeliums übertragen. Hier wird einer verlorenen Menschheit der einzige Weg zum Heil, zur Rettung gegeben. Dies sind Wahrheiten, die klar in Seinem Wort dargelegt sind. Paulus hat das erfaßt, wenn er sagt: „Ich bin ein Schuldner" und: „Soviel an mir ist, bin ich bereit, auch euch zu Rom das Evangelium zu verkündigen" (Röm. 1, 14. 15). Wir können das Leben Jesu wie auch das der Apostel nicht studieren, ohne ergriffen zu werden von der Dringlichkeit der Verkündigung des Evangeliums, die sie beherrschte. Wir hören Gott selbst, wie Er im Blick auf eine verlorene Welt warnt, ermahnt, bittet, lockt, ja wie Er sich bis aufs äußerste bemüht, zu retten, zurechtzubringen und zu heilen. So nahm Er unser Fleisch und Blut an, wurde Mensch, kam in unser armes, sündiges Erdenleben und wurde unser Heiland.

In diesem Büchlein wird die Frage aufgeworfen, die uns alle bewegen sollte: „Was geschieht mit denen, die nichts vom Evangelium gehört haben und sterben?" Mit der Lehre von der „Wiederbringung aller Dinge" ist diese Frage nicht beantwortet. Hier geht es nicht darum, ob wir das oder jenes glauben, sondern: Was sagt die Bibel dazu? Der Verfasser des Büchleins bezieht eine klare Stellung. Er wägt das Für und Wider ab.

Auch die Überseeische Missionsgemeinschaft, die heute ihre Arbeitsfelder in Südostasien und Japan hat, fühlt ihre Verantwortung diesen Massen von Menschen gegenüber, die bis heute noch nie mit dem Evangelium erreicht wurden. Schon ein Hudson Taylor, der Gründer der China-Inland-Mission (jetzt Überseeische Missionsgemeinschaft), kam einfach nicht zur Ruhe, wenn er an die Millionen von Chinesen dachte, die, ohne das Evangelium gehört zu haben, in die Ewigkeit gehen. Für ihn waren diese Menschen verloren. Das gab ihm die gewaltige Stoßkraft in seiner missionarischen Arbeit, das ließ ihn Strapazen, Entbehrungen, Einsamkeit, Not und Leid auf sich nehmen. Die Bibel spricht so klar und offen vom Ewig-Verlorensein. Was würde geschehen, wenn wir in unseren Tagen die Frage: „Was geschieht mit den Unevangelisierten?" vor dem Herrn bewegen und uns eine Antwort erbitten würden? Ob wir dann noch dieselben bleiben könnten, oder ob da nicht etwas aufbrechen würde von dem, was Paulus sagt: „Die Liebe Christi dringet uns also"?

Die großen Möglichkeiten, die uns gegeben sind, und die Not einer hilflosen, verlorenen Welt rufen auf zu schnellem Handeln. Und wenn wir um uns schauen, dann sehen wir etwas von dem Wirken des Geistes Gottes, wie Er Menschen zu Jesus führt und sie das Heil erleben läßt. Darum heißt es, „aufzustehen vom Schlaf" (Röm. 13, 11). „Es kommt die Nacht, da niemand wirken kann" (Joh. 9, 4).

Jakob Schweitzer

Einführung

Rasch greift in der ganzen Christenheit eine Krankheit um sich, die Lehre von der „Allversöhnung", daß am Ende alle Menschen gerettet werden. Judas und Pilatus, Nero und Hitler sollen schließlich im Himmel mit Paulus und Augustinus, Murray und Moody vereint sein. Für diese gefährliche Lehre, die die Sünde verharmlost, die Gerechtigkeit Gottes antastet, die Lehre vom Sühnopfer abschwächt und das Endgericht leugnet, gibt es in der Heiligen Schrift keine Anhaltspunkte.

Doch was geschieht mit jenen unglücklichen Menschen, die das Evangelium nie gehört haben und die keine Gelegenheit hatten, seine befreiende Botschaft anzunehmen? Gehen sie verloren, oder läßt die Bibel eine Hoffnung offen, daß sie auf irgendeine Weise ohne eine bewußt vollzogene Entscheidung in den Bereich der Gnade und Erlösung Christi eingeschlossen sind? Das ist der Gegenstand unserer Untersuchung. Unser Standpunkt in dieser Frage wird in geziemender Demut dargelegt, in dem Bewußtsein, daß wir jetzt „wie in einem Spiegel nur undeutliche Bilder sehen" und „unser Erkennen nur Stückwerk ist". Solange wir noch nicht „erkennen, wie wir erkannt sind", ist jeder Dogmatismus über ein solches Thema unangebracht (Bibelzitate nach Menge 1. Kor. 13, 12).

Der Verfasser hat absichtlich viele Aussagen anerkannter Bibelgelehrter und Missionsführer wörtlich zitiert, um zu zeigen, daß er mit seinen Ansichten nicht allein steht, sondern Gottesmänner hinter sich hat, die auf diesem Gebiet mehr gearbeitet haben und sich mit mehr Gewicht darüber äußern können.

Es wird vorausgesetzt, daß die ganze Bibel für die Leser dieses Buches inspiriertes Wort Gottes und in allen geistlichen Belangen die alleinige und zuverlässige Autorität ist. Haben wir beim Nachdenken über unser Thema nicht den Felsengrund der Heiligen Schrift unter unseren Füßen, so bewegen wir uns auf dem Treibsand menschlicher Philosophie und Spekulation. Der evangelische Gläubige hält daran fest, daß Gott in seinem Wort zwar nicht alles entschleiert, was menschliche Neugier wissen möchte, aber ihm all das offenbart, was er wissen muß für das zeitliche und für das ewige Leben. Was Gott gesagt hat, glaubt er. Wo Gott schweigt, wartet er auf die weitere Entfaltung Seiner Pläne im zukünftigen Leben. So verfährt Gott nicht, daß Er wesentliche Wahrheiten verheimlicht. Er spricht deutlich. Sein Wort stellt uns die Wahrheit bestimmt und klar vor Augen. Die Menschheit ist geteilt in Gerechte und Ungerechte. Eine Zwischenklasse gibt es nicht. Es gibt Gut und Böse ohne ein Mittelding, Licht und Finsternis ohne Zwielicht, Himmel und Hölle ohne Fegefeuer. Der Mensch muß sich entscheiden zwischen Leben und Tod, zwischen Gerettet- oder Verlorensein. Sollte Gott uns in einer derart entscheidenden Frage in Ungewißheit und Zweifel lassen?

Der Beweggrund für die Mission

Ganz im Gegensatz zur üblichen Auffassung und Lehre liegt der christlichen Missionstätigkeit weder der Missionsbefehl unseres Herrn noch die geistliche Not der Heiden primär zugrunde. *Sie entspringt vielmehr unmittelbar dem Wesen des dreieinigen Gottes.* Er will Mission, Seine Interessen umspannen den Erdball (Joh. 3, 16; 1. Tim. 2, 4). Christus wurde vom Vater zu einer rettenden Mission ausgesandt; die damit verbundenen Leiden, Sein Opfer waren so groß, daß Er sich damit ein Recht erworben hat, dasselbe von Seinen Nachfolgern zu verlangen (Joh. 20, 21). Seine Schau war weltweit. Sein Plan für die Gemeinde war ein weltweites Unternehmen. Er erwartete für das Königreich Gottes einen weltweiten Sieg. Der *Heilige Geist* beruft und sendet die Missionare und wählt ihr Wirkungsfeld aus (Apg. 13, 2. 4; 16, 6. 7).

Daß Mission notwendig ist, *geht schon aus dem Inhalt des Evangeliums hervor:* „Gott war in Christo und versöhnte die Welt mit ihm selber" (2. Kor. 5, 18. 19). Mit diesem Dienst der Versöhnung sind gläubige Menschen betraut worden. Es liegt in der Natur des Evangeliums, daß es denen, die es annehmen, die Verpflichtung auflegt, es mit den andern Erbberechtigten zu teilen. Seine Ausschließlichkeit verlangt, daß es sich selbst überträgt, und es kann nur wirksam übertragen werden, wo Menschen seine erlösende Macht und Freude erlebt haben.

Der Befehl unseres Herrn: „Gehet hin in alle Welt und verkündigt das Evangelium aller Kreatur!" ist nie zurückgezogen worden und wird weiter seine Macht ausüben über jedes aufrichtige Herz. Es ist dies zwar ein machtvoller Beweggrund für die Mission, jedoch nicht der ausschlaggebende.

Früher haben sich viele in den Missionsdienst rufen lassen, weil sie die Heiden aus ihrer Verlorenheit erretten und vor der zukünftigen ewigen Strafe bewahren wollten. Dieses eschatologische Motiv ist nach allgemeiner Ansicht heute praktisch toter Buchstabe. Der Mission, so behauptet man, könne es nicht länger um Errettung der Heiden vor einem zukünftigen Schicksal der Trübsal und ewiger Strafe gehen. Ziel des Missionars sei vielmehr, den Heiden zu helfen, ein Leben in Gesundheit und Glück als rechtschaffenes Kirchenmitglied und guter Staatsbürger zu führen. Dr. Paul Tillich gilt als Sprachrohr weiter Kreise unter den Theologen, wenn er in diesem Zusammenhang schreibt: „Man sollte die Mission nicht als Versuch zur Errettung möglichst vieler Menschen von der ewigen Verdammnis verstehen ... Eine solche Idee ist der Herrlichkeit und Liebe Gottes unwürdig und muß im Namen der wahren Beziehung Gottes zu Seiner Welt abgelehnt werden."

Dieser Standpunkt wurde anderweitig mit folgenden Worten ausgedrückt: „Früher bestand ein zugkräftiger Aufruf zur Mission darin, daß man das tragische Schauspiel ungezählter Millionen vor die

Augen malte, die ohne Gott und ohne Hoffnung in die ewige Verdammnis gehen. Damit ist es vorbei, weil die heutigen Christen erkennen, daß sie selbst verdammt werden, wenn sie die Frohe Botschaft von der Liebe Gottes denen vorenthalten, denen diese Liebe genauso gehört wie ihnen selbst." Doch diese schlaue Antwort berücksichtigt nicht die Tatsache, daß im Zentrum der klassischen Schriftstelle über die Liebe Gottes (Joh. 3, 16) die Folgerung enthalten ist, daß die, die nicht an Seinen Namen glauben, verlorengehen.

Es stimmt, dieser Beweggrund hat seine Anziehungskraft heute weithin verloren, aber könnte der Fehler nicht eher bei den Christen liegen als beim Beweggrund? In Wirklichkeit geht es doch darum: Ist es ein Beweggrund, der sich auf die Bibel gründet? Es ist nicht schwer, einen grotesken Gegensatz der Ansichten von Gottesmännern der Vergangenheit und der Gegenwart zu konstruieren und sie dann als unhaltbar zu verwerfen. Dies ist aber kein redliches Spiel weder mit der Schrift noch mit der gegensätzlichen Anschauung.

Gewiß hat bezüglich dieses Themas in unserer Generation eine Akzentverschiebung stattgefunden, doch muß man sich fragen, ob die Änderung das Ergebnis neuer biblischer Erkenntnis ist oder einem ganz anderen Motiv entspringt. Bringt etwa diese neue Richtung solche Männer hervor, wie jene Pioniere der Mission es waren? Kein Missionar achtet zwar das soziale Moment oder die Nebenwirkungen des Evangeliums gering. Doch ist das noch lange kein Grund dafür, einen Beweggrund über Bord zu werfen, der einen gewaltigen Einfluß auf die großen Missionare der Vergangenheit ausgeübt hat, solange man nicht nachweisen kann, daß er unbiblisch ist.

In seinen *„Missionsmethoden und Missionsproblemen"* lehnt Dr. Gibson den Gedanken an die Verdammnis der Heiden als Beweggrund für die Missionsarbeit für sich ab. Er schreibt: „Ich muß Ihnen sagen, daß ich für meinen Teil wenigstens nie den Glauben, daß alle Heiden, Männer, Frauen und Kinder, die nichts vom Evangelium hören, unweigerlich zu einem ewigen Tod verurteilt sind, als einen Beweggrund für die Missionsarbeit ansehen könnte ... Es würde mich aufs äußerste bedrücken und könnte mir nie ein Ansporn zur Tat sein."

Dazu muß zunächst gesagt werden, daß genau das Gegenteil von dem, was Dr. Gibson von sich behauptet, die Erfahrung einer großen Zahl von echten Missionaren war. Die Geschichte beweist es: Gerade weil es ihnen so eindringlich bewußt war, daß die Heiden ohne die Erkenntnis Gottes in Christus verloren sind, darum wurden viele der ersten Missionare und viele ihrer Nachfolger zu solch feurigen Herolden des Kreuzes, auch wenn dies für sie nicht der *alleinige,* ja vielleicht nicht einmal der *wichtigste* Grund für ihre Arbeit war.

Um ihnen nicht Unrecht zu tun, muß festgehalten werden, daß sie weit davon entfernt waren, die sozialen Forderungen des Evangeliums zu mißachten. Mit Recht sagt Dr. R. E. Speer: „Der Vorwurf, daß sie *allein* aus einem beschränkten eschatologischen Motiv heraus arbeite, hält gegenüber der Mission nicht stand." Der Missionar hat denen, unter denen er arbeitete, immer auch soziale Vorteile gebracht; doch waren sie nur eine Folge des Evangeliums, das stets den ersten Platz einnahm.

Klar kommt das zum Ausdruck in William Careys denkwürdiger *„Untersuchung über die Verpflichtung der Christen, Möglichkeiten zur Bekehrung der Heiden zu nutzen"*. Diese Schrift ist gleichsam die Charta (Gründungsurkunde) neuzeitlicher Mission, der zündende Funke, der sie ausgelöst hat. Carey schreibt: „Können wir als Menschen oder als Christen mitansehen, daß ein großer Teil unserer Mitgeschöpfe, deren Seelen genauso wertvoll sind wie die unsrigen, und die ebenso imstande sind, das Evangelium anzunehmen und durch Wort und Schrift wie durch ihr Leben zur Verherrlichung des Namens unseres Erlösers und zum Besten Seiner Gemeinde mitzuwirken, können wir mitansehen, daß sie ohne Evangelium, ohne Gesetz, ohne Führung, ohne Kunst und Wissenschaft leben, und sollten wir uns nicht bemühen, in ihnen menschliche und christliche Empfindungen zu wecken? Wäre nicht die Ausbreitung des Evangeliums die wirksamste Gelegenheit zu ihrer Zivilisation?"

Es muß gerechterweise anerkannt werden, daß die ersten Missionare viel zur Verbesserung der irdischen Verhältnisse der Heiden beitrugen, wenn ihnen auch ihre Rettung vor dem ewigen Verderben das dringendste Anliegen war.

Es sei zugegeben, daß das eschatologische Motiv nicht allein ausschlaggebend ist, aber es bedeutet auch nicht unbedingt Gewinn für die missionarische Arbeit, es preiszugeben. In seinen „Studien in Theologie" schrieb Dr. James Denney: „Der Beweggrund für die Mission unter den Heiden liegt nicht in der Überzeugung, daß alle Heiden ewig verlorengehen, die sterben, ohne den Namen Christi gehört zu haben. Er findet sich vielmehr im Gehorsam gegenüber dem Befehl Christi, in der Hingabe für Seine Ehre in der Welt und in jener Liebe, die Er selbst lehrte, die nicht auf das Eigene sieht, sondern auch an andere denkt, und die ein Verlangen wirkt, die Segnungen jenes empfangenen Lichtes weiterzugeben. Es ist die Liebe Christi, die den echten Evangelisten dringt, und nicht die Angst vor einer schrecklichen Zukunft."

Obwohl man grundsätzlich der Behauptung Dr. Denneys zustimmen kann, muß man sie der Aussage des Paulus in 2. Kor. 5, 11 gegenüberstellen: „Weil wir die Furcht vor dem Herrn kennen, suchen wir Menschen zu gewinnen." Der höchste Beweggrund für die Missionsarbeit ist zweifellos ein leidenschaftliches Suchen der Ehre Gottes, vor allem durch Rettung der Menschen, für die Sein Sohn starb. Dennoch hat auch der eschatologische Beweggrund zum Erwachen des missionarischen Interesses und Eifers in den Herzen einiger der größten Missionare aller Zeiten beigetragen.

Die Überzeugung der Missionare der Frühzeit

Daß viele der Großen unseres modernen Missions-
zeitalters an die Verlorenheit der Heiden glaubten,
steht außer Zweifel. In einem Artikel der „Sunday
School Times" sagte Dr. Robert E. Speer, Sekretär
des Presbyterianischen Missionsausschusses, ein vor-
sichtiger und zurückhaltender Verteidiger der Mission: „Die Gründer der modernen Missionsbewegung
waren Männer, für die die Ewigkeit furchtgebietend
war und die nicht leichtfertig mit dem ewigen Los
der Seele spielen konnten. Sie glaubten, daß Christus
der einzige Erlöser ist und daß die Menschen ohne
Ihn keine Hoffnung haben können. Es wird oft gesagt, daß diese ersten Missionare nur das zukünftige
Verderben der Seelen der Heiden gesehen und sie
nur deshalb aufgesucht hätten, um sie aus der Verlorenheit zu retten. Sie vertraten auf alle Fälle nicht
die hohlen und irreführenden Ansichten über diese
Fragen, die heute so viele mit großer Zungenfertig-
keit verbreiten. Die Hölle war für sie eine Realität.
Doch die Meinung, sie hätten die Nichtevangelisierten als einzige Bewohner einer künftigen Hölle
gesehen, kann nur von solchen Menschen geteilt
werden, die keine Ahnung davon haben, was jene
Männer wirklich dachten und sagten."

Am Ende seines Lebens erklärte Hudson Taylor,
nachdem er beinahe ein halbes Jahrhundert in eng-
ster Berührung mit dem Heidentum gelebt hatte:
„Ich hätte nie daran gedacht, nach China auszu-
ziehen, wenn ich nicht daran geglaubt hätte, daß die

Chinesen verloren seien und Christus brauchten." Seine Ansichten über dieses Thema änderten sich also nicht im Lauf der Jahre. Eine ähnliche Überzeugung hatten Carey, Judson, Livingstone, Marty, Brainert und viele andere. Tatsächlich kann der einzigartige Erfolg, der ihre missionarische Laufbahn krönte, nur erklärt werden durch ihre Überzeugung von dem verlorenen Zustand der Heiden und durch den Drang, alles zu unternehmen, um das Evangelium verlorenen und sterbenden Menschen zu bringen.

Waren sie im Irrtum mit ihrer Überzeugung? Haben sie die Schrift mißverstanden? Ist der Nachweis der Widerlegung ihrer Überzeugung anderweitig erbracht worden? Vielleicht waren sie nicht so irregeleitet, wie manche annehmen. Ihre schriftgemäße Überzeugung der grenzenlosen geistlichen Not ihrer Mitmenschen drückte sich folgerichtig in einem Mit-Leiden aus, das für sie endlose Opfer bedeutete. Wir wünschten, daß alle, die diesen Beweggrund geringachteten, eine ebenso große Liebe für die Menschen bekundeten wie jene Großen der Frühzeit der Mission und ebenso reiche Früchte brächten, indem sie Menschen aus der Gewalt Satans zu Gott hinführten.

Wer sind die Heiden?

Wer sind denn die „Heiden", über die solche Ansichten im Umlauf sind? Was bedeutet dieser Ausdruck? Der Begriff wird im allgemeinen recht unbestimmt auf alle Menschen in der Welt angewandt, die sich nicht der Vorzüge unserer christlichen Zivilisation erfreuen. Doch diese Anwendung des Begriffs „Heiden" unterscheidet sich von der Bedeutung, die er in der Bibel hat.

„Das Heidentum bedeutet nicht einen niedrigen gesellschaftlichen Stand", schrieb Mildred Cable, „es ist nicht Armut, auch nicht ein niedriger Sittenkodex. Mit dem Ausdruck Heidentum ist das Leben von Männern und Frauen gemeint, die nicht Gott anbeten, sondern Satan, der ihre Sinne verfinstert. Ihre Entfaltung ist gehemmt, und ihre Seelen sind lebendig begraben . . . Hinter den scheußlichen Götzen lauert der, auf den sich alle Götzenanbetung richtet. Hinter dem tiefsinnigen Buddha herrscht der Fürst der Finsternis, dessen einziges Ziel es ist, alle Huldigung Gott zu verweigern, der allein berechtigt ist, sie entgegenzunehmen — Gott, der Vater, der Allmächtige, Schöpfer Himmels und der Erde."

Im Alten Testament bezieht sich der Ausdruck gewöhnlich auf nichtjüdische Rassen. Im Neuen Testament ist der Unterschied zwischen Israeliten und Nichtjuden schärfer gezogen. Das Wort „ethnos" wird verschieden übersetzt. Es kann bedeuten: „Nichtjuden", „Nationen" oder „Heiden". Soweit es „Nichtjuden" bedeutete, schloß es im Neuen Testament manchmal nichtjüdische Christen so gut ein wie Nichtchristen. „Nichtjuden sind einerseits Christen und anderseits Heiden oder solche, die nicht evangelisiert wurden", schreibt Dr. H. W. Frost. „Was das Neue Testament über die Nichtjuden, die Nationen, die Heiden aussagt, bezog sich auf die damaligen Heiden. Weil der geistliche Zustand der Heiden der Gegenwart sich nicht von denen unterscheidet, die damals lebten, als das Neue Testament geschrieben wurde, bedeutet das Schriftzeugnis über Nichtjuden, Nationen und Heiden, daß Gott sich um den geistlichen Zustand der Heiden der gegenwärtigen Zeit kümmert."

Paulus wurde zu den Nichtjuden gesandt, um diese von der Macht Satans zu Gott zu bekehren. Er sagt über ihre Anbetung: „Was die Heiden opfern, das opfern sie den Teufeln und nicht Gott" (1. Kor. 10, 20). Aus seinem Gebrauch des Ausdrucks „Kinder des Unglaubens" (Eph. 2, 2) geht klar hervor, daß „Heiden" in den höchsten Gesellschaftskreisen wie in den niedrigsten Volksschichten gefunden werden; denn maßgebend ist nicht der soziale Stand oder der Grad der Zivilisation, sondern die Beziehung zu Gott. Und der Ungehorsam läßt darauf schließen, daß eine gewisse Erkenntnis der Wahrheit Gottes da ist, daß sie aber abgelehnt wird. Diese „verlorenen" Männer und Frauen zu suchen und zu retten, ist unser Herr auf diese Erde gekommen (Luk. 19, 10).

Die Allversöhnung

Dieses Buch hat nicht den Zweck, sich ausführlich mit der Lehre von der Allversöhnung auseinanderzusetzen. Doch können wir es nicht unterlassen, etwas näher auf diese einzugehen, weil sie für unser Thema nicht ohne Belang ist, vor allem in bezug auf die Evangelisation der Heiden. Zugegeben, im Lager der Allversöhner werden die verschiedensten Anschauungen vertreten, doch grundsätzlich sind sich alle darin einig, daß endlich jedes menschliche Wesen von Gottes Liebesarmen umfangen wird, weil Gott Liebe ist und diese triumphieren muß über Seinen Zorn. Sie können nicht glauben, daß Millionen nach Gottes Ebenbild geschaffener Menschen dereinst vollkommen von Ihm gelöst sein könnten. Wenn es so etwas gibt wie den Zorn Gottes, dann kann es nur etwas Vorübergehendes sein. Dr. C. H. Dodd, der bekannte Theologe, sagt das sehr klar in seinem Buch „Die Bibel heute". Er schreibt: „Weil jedes menschliche Wesen unter Gottes Gericht steht, darum ist jedes menschliche Wesen schließlich durch Seine Barmherzigkeit zu einem ewigen Leben bestimmt."

Im Bereich der Mission nimmt die Allversöhnung die Form an, wie Dr. D. T. Niles sie beschreibt: Christus habe die ganze Welt bereits erlöst, und eines Tages werde Er die ganze Welt zu sich ziehen. Doch bis Er das tue, gebe es Menschen, die in der Auflehnung lebten, die nicht wüßten, daß sie Ihm gehörten oder daß Er sie erlöst habe. Er vergleicht jene Menschen ohne Christus in dieser Welt mit den Japanern auf den fernen Inseln, die nach Beendigung des Krieges noch weiterkämpften, weil die Nachricht vom Kriegsende nicht bis zu ihnen durchgedrungen war. Dr. Niles sagte in seiner Rede anläßlich der amerikanischen Baptistenkonferenz, ebensogut wie wir eine Person einen Nichtchristen nennen, könnte man den Erzbischof von Canterbury als Nichtbap-

tisten ansprechen. Jedermann sei in das Erlösungs-
wort Jesu Christi eingeschlossen, ob er das annehme
oder nicht. Er behauptete, daß die Frage „Bist du
erlöst?" im Neuen Testament nirgends gestellt werde;
es wird nur gefragt: „Weißt du, daß Jesus Christus
dein Erlöser ist?" Jesus sei der Herr, ob der Mensch
es wisse oder nicht, es glaube oder nicht.

Daß Christus in der Tat auf Grund Seines am
Kreuz vollbrachten Sühnopfers für die Sünden der
ganzen Welt der Retter aller Menschen ist, wird
niemand bestreiten. Doch wird in der ganzen Schrift
betont, daß die damit vollbrachte Erlösung nur wirksam wird, wo lebendiger Glaube darauf antwortet
(z. B. Eph. 2, 8).

Es ist klar, welche Folgerungen sich aus solcher
Allversöhnungslehre ergeben. Wenn es wahr ist, daß
alle Menschen tatsächlich erlöst sind, dann besteht
die Aufgabe des Evangelisten nicht mehr darin,
Menschen für Christus zu gewinnen, sondern ihnen
nur mitzuteilen, daß sie erlöst sind und dementspre-
chend leben sollen. Die alte Auffassung, es sei die
Aufgabe des Missionars, Christus nach Indien oder
China zu bringen, gilt dann nicht mehr, denn Christus ist nach ihrer Ansicht bereits dort, weil Er der
Erlöser der Welt ist. Das Vorrecht und die Verantwortung des Missionars liegt dann noch in der Verkündigung der universellen Herrschaft Christi und
in dem Aufruf an die Menschen, diese in ihrem Leben
anzuerkennen. Menschen, die das in diesem Leben
tun, dürfen bereits hier auf Erden den Lohn der
Zugehörigkeit zu Gott ernten. Die übrigen, die nicht

in den Genuß dieser Segnungen auf Erden kommen, weil sie in dieser Welt nie von Christus hörten, werden sie jenseits des Grabes ernten können.

Es gibt eine ganze Anzahl Schriftstellen, die man für die Allversöhnung heranzieht, und es muß festgestellt werden, daß einige davon, oberflächlich gesehen oder aus dem Zusammenhang gelöst, ihre Behauptungen stützen. Nels F. S. Ferre, der sich zu dieser Lehre bekennt, behauptet, daß sich seine Anschauung auf „die tiefste und unwiderstehlichste Logik" der Bibel gründe. Er führt dazu folgende Bibelstellen an: 1. Tim. 2, 4; 4, 10; Luk. 1, 37; Röm. 2, 12; 1. Kor. 1, 18; Tit. 2, 11; Kol. 1, 20; Joh. 12, 32; Apg. 3, 21; 2. Petr. 3, 9; 1. Kor. 15, 22. 28; 2. Kor. 5, 19; 1. Joh. 2, 2. Wir haben nicht die Absicht, auf die Auslegung dieser Verse durch die Anhänger der Allversöhnung hier näher einzugehen. Es sei lediglich festgestellt, daß für jede angegebene Bibelstelle auch eine gegenteilige Auslegung angeführt werden kann. Für diese Auslegungen können zuverlässige Kommentare zu Rate gezogen werden. Es seien jedoch einige Überlegungen mitgeteilt, die beweisen, daß die Lehre von der Allversöhnung nicht in Übereinstimmung mit der Schrift steht.

1. Sie leugnet eigentlich jede wahre Freiheit des menschlichen Willens. Wenn, wie Nels Ferre argumentiert, Gottes grenzenlose Liebe jeden Menschen so lange verfolgt, bis er errettet ist, wo bleibt da noch Raum für Willensfreiheit? Eine unfreiwillige Liebe ist aber überhaupt keine Liebe. Gehört es nicht zum Adel des Menschen, daß er sogar zu dem allmächtigen Gott nein sagen kann? Zu behaupten, Gottes Allmacht müsse endlich doch über des Menschen Zögern oder Ablehnung siegen, heißt den Menschen seiner Willensfreiheit berauben. Er hört damit auf, ein Mensch zu sein, und wird zum Roboter.

2. Sie leugnet die Autorität des lebendigen und des geschriebenen Wortes. In seiner „Apologia" sagt J. H. Newman: „Die Allversöhnung macht den Fehler, die in der Bibel geoffenbarten Lehren, die doch durch ihr Wesen höher sind als alle Vernunft und davon unabhängig, dem menschlichen Urteil zu unterstellen. Sie erhebt den Anspruch, Wahrheit und Wert von Lehrsätzen am eigentlichen Sinn und Gehalt der Schrift zu messen, während sich ihre Annahme doch lediglich auf eine rein äußerlich verstandene Autorität der Schrift stützt." Große Teile der Schrift und vor allem die Worte unseres Herrn laufen nämlich der Allversöhnung stracks zuwider. Durch die ganze Bibel zieht sich beständig ein Gegensatz zwischen Gut und Böse, ewigem Leben und ewigem Tod, Licht und Finsternis, Rechtschaffenen und Bösewichten, Geretteten und Verlorenen, Schafen und Böcken, Verdammten und Freigesprochenen, Himmel und Hölle. Die Gegensätze sind schwarz und weiß ohne die leiseste Andeutung eines neutralen Grautons.

Ebenso wird gelehrt, daß zuletzt eine unabänderliche Scheidung stattfinden wird zwischen Geretteten und Verlorenen (Matth. 7, 13), Schafen und Böcken (Matth. 25, 32. 46). Diejenigen, deren Namen nicht im Buch des Lebens eingeschrieben sind, werden in den feurigen Pfuhl geworfen, der brennt von Ewigkeit zu Ewigkeit (Offb. 20, 10—15). Diese und andere Schriftstellen lehren eine klare und endgültige Scheidung von Geretteten und Verlorenen. Man versuche, die Allversöhnungslehre mit Schriftstellen zu vereinbaren wie etwa Matth. 25, 41; 13, 41. 42; 2. Tim. 1, 8. 9; 2. Petr. 2, 9; Offb. 14, 9—11. Was bedeutet die große befestigte Kluft von Luk. 16, 26? Oder die Aussage Jesu: „Die Pforte ist eng und der Weg ist schmal, der zum Leben führt, und wenige sind ihrer, die ihn finden" (Matth. 7, 14)? Worin liegt die Unerläßlichkeit der Wiedergeburt, wenn ohnehin alle gerettet werden (Joh. 3, 3)? Welche Antwort gibt es auf eine solch ernste Aussage wie die in Matth. 12, 32: „Wer etwas redet wider des Menschen Sohn, dem wird es vergeben. Aber wer etwas redet wider den Heiligen Geist, dem wird's nicht vergeben, weder in dieser *noch in jener Welt*." Dies sind nur einige Schwierigkeiten, die der Allversöhnungslehre entgegenstehen, soll nicht die Autorität Christi und der Heiligen Schrift in Frage gestellt werden.

3. Sie verharmlost den Ernst der Sünde. Der Ernst der Sünde wird an jeder Stelle betont von 1. Mose 3 bis Offenbarung 22. Gott nimmt sie so ernst, daß der einzige Weg, auf dem Er ihre tödlichen Wirkungen abwenden konnte, die Dahingabe Seines Sohnes in den schmach- und qualvollen Tod am Kreuz blieb. Wenn alle Menschen dasselbe Ende ihres zukünftigen Lebens erreichten, wenn die Belohnung des Atheismus dieselbe ist wie die der Gottesfurcht, wo ist dann der Antrieb zu einem geheiligten Leben? Was will die wiederholte Warnung vor dem Lohn der Sünde sagen? Dann hört der Tod auf, eine Strafe für das Übertreten der Gesetze Gottes zu sein, und er wird ein erwünschtes Tor zu himmlischen Freuden. Es ist eine der gefährlichsten Tendenzen der Allerversöhnung, daß sie den Menschen dahin bringt, leichtfertig über die Sünde zu denken.

4. *Sie beeinträchtigt die biblische Lehre vom Endgericht.* Wenn alle Menschen erlöst sind und sie nur darüber aufgeklärt werden müssen, was bedeutet dann das Endgericht, das im Neuen Testament in Stellen wie Matth. 25, 31. 32; 2. Kor. 5, 10; Hebr. 7, 27; 2. Petr. 2, 9; Judas 14. 15 so klar bezeugt wird? Ist es dann nicht, wie jemand meinte, eher die letzte Freisprechung statt des Endgerichts? Wäre es nicht eine Karikatur des Gerichts?

„Die Auswirkungen der Allversöhnung bei Beerdigungen werden erschreckend sein", meint A. C. Webster. „Ob du eine Trauerfeier hältst für einen Nero oder Paulus, Eichmann oder Schweitzer, Hitler oder Bonhoeffer, einen Agnostiker oder Augustin, einen Atheisten oder Athanasius, einen Judas oder Jakobus, du wirst sie dann alle gleicherweise der ‚gewissen Hoffnung der Auferstehung der Toten zum ewigen Leben durch Jesus Christus, unsern Herrn' übergeben dürfen."

5. *Sie nimmt der evangelistischen Predigt den Charakter der Dringlichkeit und dem Missionsdienst einen machtvollen Beweggrund.* Wenn es wirklich eine Allversöhnung gibt und alle Menschen am Ende

gerettet werden, was immer sie tun oder unterlassen mögen, wo wäre dann Raum für einen Paulus, der im Hinblick auf das zukünftige Gericht sagte: „Weil wir um die Heiligkeit Gottes wissen, ermahnen wir die Menschen."? Wo bleibt die Heiligkeit Gottes in der Botschaft der Allversöhnung? Wenn die Erlösung ebenso gilt auf der anderen Seite des Todes, warum dann die Dringlichkeit und Warnung in Abschnitten wie 2. Kor. 5, 10; Hebr. 4, 7; 10, 27—29? Warum dann die Notwendigkeit eines kostspieligen und aufopferungsvollen Missionsprogramms? Wird diese Lehre nicht dazu verführen, daß die Menschen mit ihrem Seelenheil spielen?

Dies sind einige der schädlichen Auswirkungen der Lehre von der Allversöhnung, die von den Kathedern vieler liberaler Theologen unserer Tage zu hören sind. Nach der Schrift muß darum um so deutlicher betont werden, daß die Menschen ohne Christus verloren sind.

Was heißt Verlorensein?

Zu dieser so überaus wichtigen Frage sagt Dr. W. G. T. Shedd: „Jesus Christus selbst ist es, an dem sich die Lehre vom ewigen Verlorensein entscheidet. Er ist es, mit dem alle Gegner dieser biblischen Aussage in Konflikt geraten. Weder die christliche Gemeinde noch die christliche Verkündigung sind die Urheber. Die christliche Gemeinde hätte dieses Dogma nie erfunden. Niemals würden es die Prediger in allen

Jahrhunderten widerwillig und mit Tränen wie ein Jeremia gepredigt haben, wenn nicht der gleiche Herr und Gott sie dazu bestimmt hätte, als er sagte: Was ich dir befehle, das sollst du sagen. Fraglos reden wir lieber über die Glückseligkeit der Erretteten als über die Leiden der Verlorenen. Doch muß beides verkündigt werden, wenn wir die ganze Wahrheit sagen wollen, so wie Gott sie uns kundgetan hat. Außerdem kann die rettende Liebe Gottes nur dann recht gewürdigt werden, wenn sie auf dem Hintergrund unseres sündigen und elenden Zustands erkannt wird, um deswillen Jesus kam und uns erlöste. Lehnen wir ab, was die Bibel uns über die Hölle sagt, so können wir weder zu einem richtigen Verständnis für das herrliche Evangelium unseres Gottes kommen, noch es genügend schätzen. Nur in seinem Licht können wir den eigentlichen Sinn der Frage verstehen: Was muß ich tun, um gerettet zu werden? oder die Größe unserer Schuld gegenüber Christus, der gekommen ist, ‚zu suchen und selig zu machen, was verloren ist‘ (Luk. 19, 10)."

Was bedeutet der Begriff „Verlorensein", wie Jesus ihn gebraucht? Wie weittragend seine Bedeutung ist, zeigt sich darin, daß es sich im Urtext um denselben Begriff handelt, der in Joh. 3, 16 mit „umkommen" und Matth. 10, 28 mit „verderben" wiedergegeben ist. Es bedeutet nicht „Vernichtung der Existenz", sondern „verkommen lassen" und „zugrunde richten".

Im dreifachen Gleichnis des Lukas-Evangeliums, Kap. 15 gebraucht Jesus das Bild des verlorenen

Groschens, des verlorenen *Schafs* und des verlorenen *Sohnes.* Der Groschen war unverschuldet verlorengegangen, das Schaf unbesonnen und der Sohn willentlich. Doch alle waren gleicherweise verloren und mußten von jemand gefunden werden (V. 4. 8. 32). Verlorensein ist der Gegensatz zu Glückseligkeit, die der Begriff „gerettet" im weitesten Sinne in sich schließt. Es ist ein Ausdruck, der nicht bloß einen gegenwärtigen Zustand und einen sündhaften Charakter beschreibt, sondern auch ein zukünftiges Unglück, in das alle nicht wiedergeborenen Menschen eingeschlossen sind. „. . . der Herr Jesus wird offenbart werden vom Himmel samt den Engeln Seiner Kraft und mit Feuerflammen, Rache zu üben an denen, die Gott nicht erkennen, und an denen, die nicht gehorsam sind dem Evangelium unseres Herrn Jesu Christi, welche werden Pein leiden, das ewige Verderben von dem Angesicht des Herrn und von Seiner herrlichen Macht" (2. Thess. 1, 7—9). Mit Seinem Sühnetod beabsichtigte Jesus nicht nur die Verbesserung der sozialen Verhältnisse des Menschen, sondern seine Errettung aus seinem sündigen Zustand und seine Bewahrung vor einem schrecklichen Los.

Es sollte darauf geachtet werden, daß es nicht um Menschen geht, die von Christus hören und Ihn ablehnen, zum Unterschied von jenen, die nie eine Gelegenheit hatten, von Ihm zu hören, und die darum verloren sind. Jesus kam, um die zu erretten, die *bereits* verloren sind, die „schon gerichtet sind" (nach Joh. 3, 18). Paulus schreibt: „Ist nun unser Evangelium verdeckt, so ist's denen verdeckt, die verloren sind" (2. Kor. 4, 3). Sie stehen also nicht nur in Gefahr, verlorenzugehen, sondern sie sind durch ihre Trennung von Gott bereits verloren. Die Menschen müssen nicht warten bis zum Tode, um zu verderben. Der Tod wird nur in einem anderen Lebenszustand sichtbar werden lassen, was bereits Tatsache ist.

Auf die Frage, was es eigentlich bedeutet, die Seele zu verlieren (Mark. 8, 36), gibt der Herr selbst die Antwort in den anschaulichen Wortbildern, die Er gebrauchte, um den Menschen die schrecklichen Folgen jenes Verlustes einzuprägen. Dr. J. Packer weist auf die Bedeutung einzelner Ausdrücke hin, die Jesus dabei anwandte: „„Gehenna' (in Mark. 9, 47 und in zehn anderen Evangeliumstexten ‚Hölle'), das Tal außerhalb Jerusalems, wo Abfälle verbrannt wurden, oder Mark. 9, 48: ‚Ihr Wurm stirbt nicht', anscheinend ein Bild für die endlose Zersetzung der Persönlichkeit durch ein verdammendes Gewissen; dann ‚Feuer', das peinigende Bewußtsein von Gottes Mißfallen, und ‚äußerste Finsternis', das Wissen um den Verlust nicht allein Gottes, sondern alles Guten und alles dessen, was das Leben wertvoll erscheinen ließ. Ein weiterer Ausdruck ist ‚Zähneknirschen' für Selbstverdammung und Selbstverachtung. Dies alles ist zweifellos furchtbar, obgleich Menschen, die von ihrer Sünde überführt wurden, etwas von deren Wesen wissen müssen. Doch sind dies alles nicht willkürliche Plagen, sie sind vielmehr die Folge eines bewußten Hineinwachsens in einen selbsterwählten Zustand. Niemand steht unter dem Zorn Gottes, der nicht diesen Weg selbst gewählt hat. Wenn Gott im Zorn handelt, so gibt er den Menschen nur das, was sie mit all seinen Folgen selbst erwählten ... Die Bilder der Bibel sind oft von handgreiflicher Anschaulichkeit, so etwa, wenn sie den göttlichen König und Richter darstellen, wie er zornig und rächend gegen die Menschen vorgeht. Wir müssen uns dann immer vor Augen halten, daß Gott hier nicht mehr und nicht weniger tut, als die Gerichte zu bestätigen und in Kraft zu setzen, die sich die von Ihm ‚Heimgesuchten' selbst zugezogen haben. Nur so können wir jene Bibelstellen verstehen."

In Wahrheit hat der Mensch seinen Weg hoffnungslos verloren und wird ihn niemals wiederfinden, solange er von Christus getrennt ist. Denn Christus hat uns bezeugt, daß Er der einzige Weg zu Gott ist. Und wenn nur ein so gewaltiges Opfer wie die Seelenangst und Qual, die der sündlose Gottessohn am Kreuz erduldete, den Menschen aus seinem verlorenen Zustand retten konnte, wie schlimm muß dann sein Zustand sein! Die unbußfertige Seele geht unausweichlich ihrem Untergang entgegen. Das volle Ausmaß dieser Tragödie läßt sich aber nur im Lichte des Geheimnisses von Golgatha erfassen.

Es gibt Menschen, die behaupten, die Worte „umkommen" und „verderben" bedeuteten die Vernichtung. Läßt sich das von der Schrift her beweisen? Das griechische Wort für „umkommen" und „verderben" schließt in der Heiligen Schrift die Vorstellung an ein Vernichten nicht in sich. Es bedeutet eher „zugrunde richten" als „vernichten". Zum Beispiel steht in Joh. 3, 16 der Ausdruck „verderben" im Gegensatz zu „ewigem Leben". Kein ewiges Leben haben, heißt also verderben. Ist es nicht klar, daß das Wort damit nicht das Gegenteil einer bloß endlosen Existenz meint, sondern das Gegenteil von Glückseligkeit? Ewiges Leben bedeutet im Neuen Testament viel mehr als eine endlose Existenz. Verfolgt man den gleichen Gedankengang, dann ist verderben oder verloren sein viel mehr als ein Nichtfortbestehen. Wenn der Tod die Vernichtung der Gottlosen bedeutete, wie könnte es dann eine Abstufung der Strafe geben, wie sie unser Herr so klar lehrt? Wer die Heilige Schrift liest ohne die Absicht, nur eine Rückendeckung für eine vorgefaßte Meinung zu finden, dem muß klar sein, daß die Bestrafung der Bösen ebenso wie die Glückseligkeit der Gerechten in folgenden Stellen als bewußt und ewig dargestellt werden: Matth. 10, 28; 13, 41. 42. 49. 50; 25, 31—33. 41. 46; 26, 24; Mark. 8, 36; 9, 43—48; Luk. 9, 25; 12, 9. 10; Joh. 5, 28. 29.

Sind die Heiden,
die das Evangelium nie gehört haben, verloren?

Gibt es eine Erlösung für die Heiden ohne den Glauben an einen Christus, von dem sie nie etwas gehört haben? Kann das Sühnopfer Christi sündhaften Männern und Frauen helfen, die nichts davon vernommen haben? War die Feststellung Jesu: „Ich bin der Weg . . . , niemand kommt zum Vater denn

durch mich" (Joh. 14, 6) relativ oder absolut gemeint? Können die Menschen zum Vater kommen
durch einen Christus, von dem sie nichts gehört
haben? Machte sich Paulus einer herzlosen Spitzfin-
digkeit schuldig, als er die verheerenden Fragen
stellte: „Wie sollen sie aber den anrufen, an den sie
nicht glauben? Wie sollen sie aber an den glauben,
von dem sie nichts gehört haben? Wie sollen sie aber
hören ohne Prediger?" (Röm. 10, 14.) Als unser
Herr mit allem Nachdruck versicherte: „Es sei denn,
daß jemand von neuem geboren werde, so kann er
das Reich Gottes nicht sehen" (Joh. 3, 3), hat Er da
Menschen ausgenommen? Was meinte Paulus, als er
an die Epheser im Blick auf die Tage ihres Heidentums schrieb: „. . . ihr hattet keine Hoffnung und
waret ohne Gott in der Welt"? (Eph. 2, 12.) Irrte
der alte Johannes, als er durch göttliche Inspiration
schrieb: „Und der auf dem Stuhle saß, sprach . . .
Abgöttische . . ., deren Teil wird sein in dem Pfuhl,
der mit Feuer und Schwefel brennt; das ist der andere Tod"? (Offb. 21, 5. 8.) Täuschte sich Paulus
selber, als er schrieb: „Täuscht euch nicht . . . kein
Abgöttischer . . . soll das Königreich Gottes ererben"?
(1. Kor. 6, 9. 10.) Läßt es sich irgendwie aus der Bibel
rechtfertigen, daß die Namen von Heiden, die nie
vom Evangelium gehört haben, automatisch ins Buch
des Lebens eingeschrieben werden? Wenn nicht, dann
wird ihre Zukunft mit diesen ernsten Worten beschrieben: „Und so jemand nicht geschrieben stand
in dem Buch des Lebens, der wurde geworfen in den
feurigen Pfuhl" (Offb. 20, 15).

Diese Schriftstellen scheinen zum wenigsten auf den ersten Blick den verlorenen Zustand der Heiden ohne Christus zu belegen, und sie beleuchten zweifellos den Ernst und die Bedeutung des besprochenen Problems. Zumindest so wie sie dastehen, scheint auf alle Fälle aus ihnen hervorzugehen, daß es keine andere Hoffnung für die Heiden gibt als das Hören und Eingehen auf die Evangeliumsbotschaft. Sie lassen jedenfalls wenig Raum für die leichtfertige Annahme, daß die Heiden „errettet" werden, auch wenn die Kirchen den Auftrag des Herrn nicht erfüllen, das Evangelium aller Kreatur zu bringen.

Überdenkt man ein Thema mit solch schwerwiegenden Folgerungen, so ist es naheliegend, das natürliche Wunschdenken zum Schiedsrichter zu machen, denn wer würde den Gedanken nicht willkommen heißen, die Gnade Gottes werde bedingungslos auch auf die nichtevangelisierten Menschen ausgedehnt? Wo immer auch die Wahrheit liegen mag, im Licht der am Kreuz so erhaben dargestellten Liebe Gottes können wir völlig beruhigt sein und wissen: Er macht alles wohl. Und mehr als das: *Wenn wir von der Warte der Ewigkeit her betrachten, was Er tat, werden wir staunen — nicht über Seine Strenge, sondern über Seine Barmherzigkeit.*

Es wird hier nicht behauptet, es gebe eine einfache und klare Antwort auf dieses Problem. Auch ein konservativer Gelehrter wie Dr. James Orr schrieb darüber: „Was geschieht mit den Millionen und aber Millionen derer, die nie Gelegenheit hatten, von Ihm zu hören? Wir fühlen, daß das letzte Wort nicht von uns jetzt und hier gesprochen worden ist, noch gesprochen werden kann." Dies mag stimmen. Doch ist anderseits die Bibel eine vollkommene Offenbarung des Willens, Wesens und Handelns Gottes. Darum wird sie dem, der mit Hingabe nach der Wahrheit sucht, bestimmt so viel über diese Frage offenbaren, daß er seiner Verantwortung gegenüber den noch unerreichten Heiden gerecht zu werden vermag. Dies ist sicher wichtiger als die Befriedigung der Vernunft.

Wenn es wahr ist, daß die Menschen ohne Evangelium tatsächlich verloren sind in dem Sinne, wie der Herr das Wort gebrauchte, dann darf es für uns nicht nur ein Glaubensartikel sein, sondern es muß zu einer Überzeugung führen, die uns im Innersten bewegt und zur hingebenden Tat treibt. Wenn aber anderseits diese Ansicht unbiblisch und altmodisch ist, dann müssen wir in Aufrichtigkeit unsere Stellung zur Mission neu überdenken. Zu oft wird die Behandlung dieses wichtigen Themas wegen seiner vielleicht unheilvollen Folgen übergangen zugunsten eines weniger wichtigen. Das geht auch daraus hervor, daß die Literatur so arm ist an Werken über unser Thema.

Es gibt natürlich nur eine einzige Stelle, die ein autoritatives Urteil über ein solches Thema abgeben kann, da es seiner Natur entsprechend nur durch Offenbarung, nicht durch Spekulation beantwortet werden kann. Wenn Gott nicht über diese Sache geredet hat, sind alle Spekulationen umsonst und ist die hier vorliegende Untersuchung zwecklos. Doch wir schreiben für Menschen, die glauben, daß Gott gesprochen hat, und für die Sein Wort maßgebend ist.

„Es ist klar, der einzig sichere Weg ist der, sich an die Offenbarung der Schrift zu halten, und zwar so nahe wie möglich", schreibt A. G. Pouncy. „Dabei müssen wir darauf sehen, das Gefühl der Wahrheit unterzuordnen. Es kann keine endgültige vernunftgemäße Erklärung dieser wichtigen Frage geben, wenigstens nicht in diesem Leben. Es ist jedoch dem Herzen möglich, in der völligen Gewißheit zu ruhen, daß Er — der Richter des Weltalls, der über aller menschlichen Logik steht und dessen Wege ganz anders als die menschlichen sind — Gerechtigkeit üben wird" (1. Mose 18, 25).

Doch in welchem Maße sind die Nichtevangelisierten für ihren geistlichen Zustand verantwortlich? Wir glauben, daß die Heiden auch ohne das Evangelium vor Gott verantwortlich sind.

Sind die Heiden nicht verantwortlich?

Es mag sehr nachsichtig sein, anzunehmen, die Heiden, die das Evangelium nie gehört haben, seien aller Verantwortung ledig und darum „gerettet". Ist dies aber wirklich wahr? Im Gegenteil! Wir haben allen Grund, diese Ansicht für einen schwerwiegenden Irrtum zu halten, der biblischer Unkenntnis und humanistischen Ideen entspringt. Der allwissende Gott allein kann das Maß der persönlichen Verantwortlichkeit jedes einzelnen beurteilen. Wenn wir aber schon eines Menschen Verantwortlichkeit nicht zu bestimmen vermögen, sind wir dann in der Lage, seine Nichtverantwortlichkeit zu beurteilen, es sei denn, daß sie durch die Schrift belegt ist?

Es gibt Menschen, die bezüglich der Nichtverantwortlichkeit der Heiden annehmen, daß mit Kindern und Geistesschwachen auch die Nichtevangelisierten durch das Blut Christi gedeckt seien und es für sie eine bedingungslose Errettung gebe. Kann diese Ansicht von der Schrift her bewiesen werden?

Ohne auf Einzelheiten hier einzugehen, sei nur festgestellt, daß die landläufige evangelische Überzeugung dahin geht, Kinder für gerettet zu halten, nicht etwa, weil sie unschuldig wären; denn jedes Kind hat eine sündige Natur geerbt (Röm. 5, 12 bis 19). Als Grund wird vielmehr angegeben, sie seien Glieder der Menschheit, für die Christus gestorben sei, und sie hätten ihre Errettung nicht durch willentliche Sünde und Unglauben verwirkt. So wie die Kinder ohne persönliche Handlungen die Verderbtheit Adams erbten, so sei für sie auch ohne ein persönliches Dazutun die Erlösung in Christus gültig. A. H. Strong drückt es so aus: „Es gibt eine Anwendung des Lebens Christi auf Kinder, wie es eine solche gibt von Adams Tod."

Aber kann dieses Argument mit demselben Recht auf die nichtevangelisierten Heiden angewandt werden? Gibt es eine genaue Parallele? Es kann zweifellos auf die Kinder und die Geistesschwachen unter den Heiden angewandt werden. Doch was geschieht mit den andern?

Die Bibel erklärt, sie hätten keine Entschuldigung (Röm. 1, 20). Könnte dies gesagt werden, wenn sie nicht verantwortlich wären? Sind sie unschuldig? Haben sie nicht bewußt gegen die Stimme ihres Gewissens gesündigt? Ist ihre Götzendienerei nicht strafbar? Es besteht ein großer Unterschied zwischen der relativen Unschuld eines Kindes oder der moralischen Verirrung eines Menschen, der geistig unfähig ist, zwischen Recht und Unrecht zu unterscheiden, und jenen, die sittlich verantwortlich *sind,* weil sie um Recht und Unrecht *wissen* und das Unrecht wählen.

Daß diese vom Evangelium nicht erreichten Heiden von vielen sittlichen und geistlichen Gesetzen nichts wissen, steht außer Zweifel. S. H. Kellogg sagt dazu: „Wann hebt Gott je die Wirksamkeit physikalischer Gesetze auf, weil der Mensch, der sie bricht, nicht weiß, was er bricht? Gewiß kennen die Heiden viele der sittlichen Gesetze nicht. Entgehen sie deshalb den schrecklichen Folgen ihrer Gesetzesübertretungen etwa schon in diesem Leben, wo wir doch mit eigenen Augen sehen können, wie Gott mit ihnen handelt? Und gibt es einen Grund zu der Annahme, es sei im zukünftigen Leben anders?" Unwissenheit mag Schuld bemänteln, doch kann sie diese nicht aufheben.

Mr. D. E. Hoste, ein früherer Generaldirektor der China-Inland-Mission, schrieb folgendes über dieses Problem: „Der Sinn der biblischen Lehre über dieses ernste Thema ist der: Während Menschen nie wegen Unkenntnis der Wahrheit verdammt werden, werden sie voll verantwortlich gemacht für den rechten Gebrauch der Erkenntnis, die ihnen geschenkt wurde. Hatte man zuvor in einseitiger und übersteigerter Weise Menschen wegen der Unkenntnis von Dingen verdammt, die zu wissen ihnen gar nicht möglich war, so schlägt nun das Pendel nach der anderen Seite aus. Man verharmlost oder leugnet sogar jegliche moralische Schuld jener, die das Evangelium nie zu hören bekommen haben. Diese Ansicht ist nicht nur schuld an völliger Gleichgültigkeit gegenüber jeglicher Missionsarbeit, sondern sie schwächt auch die Entschlossenheit derer, die sich für die Mission einsetzen."

Oberflächliches Denken und leichtfertiges Urteilen, das tatsächlich jede Verantwotung der Heiden leugnet, haben die Kraft der Christen auf diesem Gebiet in einem größeren Maße gelähmt, als allgemein zugegeben wird. Nicht wenige lassen sich in Verwirrung bringen durch Diskussionen, die im tiefsten Grunde belanglos sind. Es wird die Frage erwogen, wieweit die Menschen, die die Heilige Schrift nicht kennen, für die Irrtümer verantwortlich sind, die ihnen ein anderes religiöses System gleichsam eingeimpft hat. Wichtig ist hier vielmehr die Frage, wie weit ihr Verhalten übereinstimmte mit der Erkenntnis, die ihnen gegeben war. Man wird wohl mit Recht hieraus schließen müssen, daß alle Menschen, die wie Kleinkinder unmündig sind, vor Gott nicht verantwortlich, sondern durch Seine Gnade und durch Jesu Blut gedeckt und unbelastet sind. Alle andern sind voll verantwortlich für ihre Handlungen und die daraus entstehenden Folgen. Sie werden entsprechend dem Maß ihrer Verantwortlichkeit behandelt werden. Das Maß ihrer Verantwortlichkeit wird die Erkenntnis sein, die ihnen zuteil geworden war.

Was ist den Heiden an Erkenntnis gegeben?

Leben die Heiden in völliger geistlicher Finsternis? Wurde ihnen von Gott kein Licht gegeben? Johannes gibt uns auf diese Fragen die Antwort: „Das war das wahrhaftige Licht, das alle Menschen erleuchtet, die in diese Welt kommen" (Joh. 1, 9).

Schrift und Forschung beweisen, daß die Heiden aller Zeiten mehr Gotteserkenntnis besaßen, als sie selbst wünschten oder sich zunutze machten. Wenn sie auch das mosaische Gesetz oder die Lehren Jesu nicht kannten, so ist doch durch ihre eigenen Schriftzeugnisse bewiesen, daß sie nicht ohne geistliche Erleuchtung waren. Im folgenden einige Beispiele dafür:

Seneca: „Gott ist dir nahe, er ist bei dir und in dir. Ein heiliger Geist wohnt in uns, der Beobachter und Wächter all unseres bösen und guten Handelns. Es gibt keinen Menschen ohne Gott."

Lukrez: „Jeder Mensch sucht nach dem Weg des Lebens."

Horaz: „Ich sehe und anerkenne zwar den besseren Weg, aber ich folge dem schlechteren."

Mark Aurel: „Wenn ich will, liegt es in meiner Macht, alles Böse, alle Begierden von meiner Seele fernzuhalten. Denke darum über die Macht nach, die dir die Natur gegeben hat!"

In einem der heiligen Bücher der Hindus finden sich die verzweifelten Worte: „Ich bin Sünde, mein Werk ist Sünde, mein Geist ist Sünde. In Sünde wurde ich empfangen."

Solche Aussagen weisen darauf hin, daß die heidnischen Philosophen aus alter Zeit ein beträchtliches Wissen von der Wahrheit hatten, und es ist erwähnenswert, daß die Besten von ihnen die Tatsache ihrer eigenen Sündhaftigkeit bedauerten und beklagten. Doch obwohl sie Erkenntnis besaßen, lebten sie nach ihrem eigenen Geständnis nicht danach und luden damit Schuld auf sich.

Sogar in ihrem natürlichen Zustand sind die Heiden nicht ohne Verständnis für die Tatsache und das Wesen der Sünde. Ein mit dem Verfasser befreundeter Missionar, der später wegen seines hingebenden Dienstes im Kongo geadelt wurde, suchte einmal einen bisher unberührten Urstamm auf. Er wollte wissen, wie es um den sittlichen Stand dieser Menschen bestellt sei. So fragte er den Häuptling durch den Dolmetscher, was er als Sünde erkenne. Ohne Zögern antwortete dieser: „Sünde ist Mord, Diebstahl, Ehebruch und Zauberei." Gibt es einen besseren Kommentar für die Wahrheit der Worte des Paulus: „So die Heiden, die das Gesetz nicht haben, doch von Natur des Gesetzes Werk tun, sind dieselben, dieweil sie das Gesetz nicht haben, sich selbst ein Gesetz, als die da beweisen, *des Gesetzes Werk sei geschrieben in ihrem Herzen,* sintemal ihr

Gewissen ihnen zeugt, dazu auch die Gedanken, die sich untereinander verklagen und entschuldigen" (Röm. 2, 14, 15).

Ohne irgendeinen Einfluß von außen her hatten diese primitiven Menschen das Zeugnis in sich selbst. Das in ihre Herzen geschriebene Gesetz Gottes entsprach dem göttlichen Gesetz. Sie waren nicht ohne Erkenntnis. Plutarch erwähnt „ein Gesetz, das nicht in Büchern geschrieben steht, sondern in das Herz des Menschen eingeprägt ist". Sophokles weist hin auf die „ungeschriebenen und unauslöschlichen Gesetze der Götter" in den Herzen der Menschen. Gott hat sich selbst nicht unbezeugt gelassen an allen Menschen, die in ihrem Herzen viel von dem ursprünglichen Wissen über das Gesetz Gottes bewahren (Apg. 14, 17). Die Vorstellung, daß man ein Sündopfer darzubringen habe, ist seit der Zeit Abels Allgemeingut. Die Heiden wissen genug, um ihre Schuld und ihren sündigen Zustand zu erkennen. Ihr mühseliges Ringen um Vergebung macht das offenkundig. Darum unternehmen sie Pilgerfahrten, legen Fastenzeiten ein und bringen sich sogar an ihrem Körper Verletzungen bei. Sie glauben, daß ihre zukünftige Freude oder Trübsal von Gott bestimmt wird und daß ihr künftiges Geschick der Lohn ist für ihr Verhalten hier auf Erden.

Sogar in ihren religiösen Bräuchen häufen sich Betrug und Täuschung. Ich habe oft mitangesehen, wie ein Anbeter vor seinem Götzen wertloses Papiergeld verbrannte, während er echtes Geld in seiner Tasche zurückbehielt. Gott wendet sich von denen ab, seien sie nun Christen oder Heiden, die die Wahrheit kennen, aber nicht danach handeln. „Wir wissen, daß Gottes Urteil recht ist über die, die solches tun" (Röm. 2, 2).

Aus diesen Betrachtungen kann man ersehen, daß die Heiden genug Erkenntnis besitzen, um von ihrem sündlichen Zustand überführt zu werden. Viele von ihnen verlangen danach, ihre Schuld zu tilgen. Darum gehen sie so weit in ihrem Opfern und in ihrer Selbstverleugnung. Sie wissen, daß es Gott wohlgefällig ist, Gutes zu tun und nach Gerechtigkeit zu trachten. Sie sind davon überzeugt, daß man durch Opfer Sünde sühnen kann, und lassen es sich viel kosten. Sie meinen, daß Gutes tun einmal belohnt, Böses tun bestraft werden wird und daß ihr Geschick nicht in ihren eigenen, sondern in den Händen des großen Geistes oder des unbekannten Gottes liegt.

Es wird nicht behauptet, die Heiden besäßen Erleuchtung genug, um zur *vollen* Erkenntnis und Heilsgewißheit kommen zu können, aber es ist zu bedenken, daß Gott sich ihnen „nicht unbezeugt gelassen hat" (Apg. 14, 17).

Quellen der heidnischen Erkenntnis

Die heidnische Welt hat andere Quellen der Erleuchtung als die göttliche Offenbarung.

1. *Die Natur.* Gott kann in der Natur erkannt werden. Das Zeugnis natürlicher Theologie soll nicht

verachtet werden. Jeder Mensch besitzt das Licht der Erkenntnis Gottes aufgrund Seiner Werke. „Denn was man von Gott weiß, ist ihnen offenbar; denn Gott hat es ihnen offenbart, damit daß Gottes unsichtbares Wesen, das ist Seine ewige Kraft und Gottheit, wird ersehen, so man des wahrnimmt, an den Werken, nämlich an der Schöpfung der Welt, *also daß sie keine Entschuldigung haben*" (Röm. 1, 19 bis 29).

Einige ihrer eigenen Philosophen bezeugen in ihren Schriften die Wahrheit der paulinischen Behauptung:

Aristoteles: „Gott, der für jedes sterbliche Wesen unsichtbar ist, wird sichtbar in Seinen Werken."

Plato: „Die Welt mußte einen Ursprung haben. Dieser Ursprung ist der ewige Schöpfer."

Cicero: „Der Himmel und seine Gestirne zeigen es am klarsten, daß sie von einer Gottheit gelenkt werden, deren Weisheit jeden Menschengeist überragt."

Paulus zieht die griechischen Schriftsteller zur Bekräftigung seiner Behauptung heran. „Wie auch etliche Poeten bei euch gesagt haben: Wir sind seines Geschlechts" (Apg. 17, 28).

Weil die Heiden um einen Schöpfer wissen, machen sie sich durch die Anbetung irgendeines geschaffenen Dinges schuldig. Götzendienst ist bewußte Sünde und darum tadelnswert.

„Gott hat es ihnen offenbart, damit daß Gottes unsichtbares Wesen, das ist seine ewige Kraft und

Gottheit, wird ersehen, so man des wahrnimmt an den Werken, nämlich an der Schöpfung der Welt, also daß sie keine Entschuldigung haben, dieweil sie wußten, daß ein Gott ist, und haben ihn nicht gepriesen als einen Gott noch ihm gedankt, sondern sind in ihrem Dichten eitel geworden, und ihr unverständiges Herz ist verfinstert. Da sie sich für weise hielten, sind sie zu Narren geworden und haben verwandelt die Herrlichkeit des unvergänglichen Gottes in ein Bild gleich dem vergänglichen Menschen und der Vögel und der vierfüßigen und der kriechenden Tiere." (Röm. 1, 20—23.)

Als Paulus zu den Leuten in Lykaonien sprach (Apg. 14, 11—17), lenkte er ihre Aufmerksamkeit auf Gott als den Schöpfer des Universums und berief sich auf Seine Schöpfung als handgreiflichen Beweis Seiner Existenz und Macht. Weil ihnen so die Nichtigkeit ihrer Götzen gezeigt wurde, waren sie verantwortlich für ihr Nichtglauben an einen wahren Gott, der dieses sichtbare Zeichen Seiner selbst zurückgelassen hat und den sie als höchstes Wesen hätten anerkennen sollen. Die Schöpfung als ein weltweites Zeugnis der Gottheit ist wie ein offenes Buch. Jeder, der sich betend vor einem geschaffenen Ding oder Bild beugt, ist ungehorsam gegenüber der Schau des Himmels.

Paulus erklärte den gebildeten, aber heidnischen Athenern, sie hätten schon aus der Schöpfung erkennen können, daß die Herrlichkeit des Schöpfers alle selbstgemachten Tempel überragt (Apg. 17, 22—34). Wenn er im 29. Vers sagt: „. . . sollen wir nicht meinen", so weist er auf ihre tadelnswerte Unkenntnis hin.

Die Tatsache, daß Gott Regen vom Himmel und fruchtbare Zeiten sandte und dadurch ihre Herzen froh machte, war ein Beweis der *Güte* Gottes (Apg. 14, 17).

Offensichtlich lehrt also Paulus, daß die Offenbarung, die Gott von sich selbst in der Schöpfung gab, ausreichend ist, so daß die Heiden Schuld auf sich laden, wenn sie nicht darauf eingehen.

2. *Die Tradition.* Es ist eine erstaunliche Tatsache, daß die Vorstellung von einem allmächtigen Gott bei den heidnischen Völkern um so klarer und eindeutiger zutage tritt, je weiter man zurückgeht. Und das stimmt genau mit der Anklage überein, die Paulus in Röm. 1, 18—25 gegen die heidnische Welt erhebt. Dort sagt er, daß man von dieser ursprünglichen Erkenntnis immer weiter abgewichen ist bis zum niedrigsten und scheußlichsten Götzendienst.

Paulus macht geltend, daß „des Gesetzes Werk in ihre Herzen geschrieben ist" und daß sie „von Natur aus des Gesetzes Werk tun" (Röm. 2, 14. 15). Die Worte „von Natur aus" kennzeichnen im Urtext das, was zum ursprünglichen Wesen eines Dinges gehört im Gegensatz zu Angelerntem, Angenommenem oder Gemachtem.

Das Blutopfer als Mittel zur Reinigung war überall bekannt, ehe das zeremonielle Gesetz dem Volk Israel gegeben war. Ägypter, Griechen, Römer, Afrikaner und viele andere Völker brachten Opfer, sogar Menschenopfer, dar zur Sühnung ihrer Sünden. Daß sie gesündigt hatten, war ihnen jedenfalls bewußt. Sie fühlten, daß sie eine Gottheit erzürnt hatten und daß diese versöhnt werden mußte.

Es gibt kein Volk, das nicht seine eigene Tradition einer Gottheit hätte. Würde es diese Tradition anerkennen, müßte es dieser Gottheit Ehre und Gehorsam erweisen (Röm. 1, 21. 25. 28. 32).

3. *Das Gewissen.* Gott hat jedem Menschen eine besondere Gabe geschenkt, das Gewissen, eine innere Stimme, die ihm sagt: Dies ist recht, und jenes ist falsch. Er pflanzte Sein Gesetz in ihre Herzen und gab ihnen das Gewissen zum Verständnis dieses Gesetzes. Das Gewissen als solches ist es nicht, das den Menschen darüber belehrt, *daß Gott gut ist,* aber die Natur offenbart es ihm und tut es seinem Verstand kund, und das Gewissen gesteht diese Tatsache ein. Mit andern Worten: Das Gewissen belehrt den Menschen nicht über Gut und Böse, es bezeugt nur die Tatsache, daß der Verstand des Menschen von der Natur darüber belehrt worden ist, daß also der Mensch weiß, was Gott von ihm will, nämlich das Gute.

Paulus sagt von den Heiden: „als die da beweisen, des Gesetzes Werk sei geschrieben in ihrem Herzen, sintemal ihr Gewissen ihnen bezeugt ..." (Röm. 2, 15). Mögen auch ihre Richtlinien unzulänglich sein, so hat doch jeder Heide einen gewissen Maßstab für Recht und Unrecht. Tut er, was er als richtig erachtet, so wird sein Gewissen es gutheißen. Tut er etwas Unrechtes, so wird sein Gewissen in ihm ein Gefühl von Schuld und Verurteilung aufkommen lassen. Es ist das gleiche Schuldgefühl, wie es der empfindet, der die biblischen Linien von Recht und Unrecht übertritt. Diese Überzeugungen einfach absichtlich zu mißachten, ist Sünde. Sünde aber zieht immer Strafe nach sich.

Das Gewissen als solches ist weder Moral noch Unmoral. Es entspricht den Ansichten des einzelnen über Recht und Unrecht. Aufgrund aller bekannten Tatsachen der Natur bringt das Gewissen den Heiden zu der Überzeugung, daß Gott gut ist und Güte regieren sollte.

Der Heide, der diese und andere Quellen der Gotteserkenntnis besitzt, ist demnach verantwortlich für das, was er weiß, *aber nicht für das, was er nicht weiß*. Handelt er nicht nach dem Maß der Erkenntnis, die er besitzt, muß er wie sein Bruder in christlichen Ländern die Folgen tragen. Ungehorsam der Erkenntnis gegenüber führt in ein Gefühl der Schuld hinein und bringt den Menschen unter Gottes Verdammungsurteil. Alle nicht wiedergeborenen Menschen werden als „Kinder des Ungehorsams" klassifiziert. Es kann jemand aber nur dann ungehorsam sein, wenn er einen gewissen Grad an Erkenntnis der Wahrheit besitzt.

Mit diesen ihnen verfügbaren Quellen der Erleuchtung und Erkenntnis sind die Heiden nicht so frei von Verantwortung, wie man oberflächlich annehmen möchte.

Die Lehren der Heiden bestätigen diese Ansicht. Konfuzius war unzweifelhaft einer der größten heidnischen Philosophen. Er beklagte die ungerechten

Handlungen der Führer seines Volkes, die Ungerechtigkeit von Provinzherrschern und das Versagen des Volkes als Ganzes, weil es nicht nach der Gerechtigkeit trachtete. Er schrieb häufig über den „fürstlichen Menschen" als das Ideal, dem alle Menschen nacheifern sollten. Doch obgleich er solch hohe Ziele schätzte, behauptete er nicht, selbst eine Gerechtigkeit erreicht zu haben, die den Ansprüchen eines heiligen Gottes entspräche. Er schrieb: „Wer sich gegen den Himmel versündigt, hat keinen Ort des Gebets", mit anderen Worten: niemand, zu dem er mit einer Bitte kommen könnte. Er erkannte, daß der Mensch, der das höchste Wesen erzürnt, keine höhere Berufungsinstanz hat.

Celsus, der griechische Philosoph des zweiten Jahrhunderts, erklärte in einer Abhandlung gegen das Christentum: „Von alters her wurde in der ganzen Welt angenommen, der Böse werde einmal endlose Pein leiden müssen."

Der Verfasser betrat einmal während eines Chinaaufenthalts einen nahe der tibetanischen Grenze gelegenen Buddhistentempel. Auf beiden Seiten des Tempelhofes befanden sich neun Fresken. Diese beschrieben sehr lebendig die Qualen der achtzehn buddhistischen Höllen. Sie zeigten die verlorene Seele, wie sie von einer Hölle in die andere überwechselte. Jeder ernste buddhistische Betrachter glaubte, er selbst werde unausweichlich im nächsten Leben dieselben Qualen erleben müssen. Daß der Chinese an ein künftiges Gericht über seine Sünden glaubt, bezeugt sein Sprichwort: „Das Gute hat eine gute, das Böse eine böse Belohnung. Behauptest du, es gebe keinen Lohn, dann nur deshalb, weil die Zeit dafür noch nicht gekommen ist."

Entspricht das Leben der Heiden ihrer Erkenntnis?

Sie haben Erkenntnis, aber leben sie dieser Erkenntnis gemäß? Paulus verneint diese Meinung mit seinem pauschalen Verdammungsurteil in Röm. 3, 9—18: „. . . alle sind unter der Sünde . . . ; da ist nicht, der gerecht sei . . . ; da ist nicht, der nach Gott frage . . . ; da ist nicht, der Gutes tue, auch nicht einer . . . ; es ist keine Furcht Gottes vor ihren Augen." Auch Fasten und Pilgerfahrten sind nur stumme Bekenntnisse eines Schuldgefühls. Horaz sagt: „Ich sehe einen besseren Weg, aber ich folge dem schlechteren" und kommt damit zu dem gleichen Resultat wie ein Paulus, wenn er in Röm. 7, 15 und 19 verzweifelt ausruft: „Das Gute, das ich will, das tue ich nicht, sondern das Böse, das ich nicht will, das tue ich."

Hudson Taylor, der aus lebenslanger Erfahrung im Umgang mit den Heiden Chinas sprechen konnte, stellte fest, daß er keinen Chinesen, ob Gelehrter oder Bauer, gefunden habe, der von sich behaupten konnte, ganz seiner Erkenntnis gemäß gelebt zu haben. In ihrer Verkehrtheit haben sie Holzstücke und Steine vergöttert und die geschaffenen Dinge, von der Sonne bis zum Käfer, angebetet anstatt den Schöpfer. Sie wandten sich vom Licht ab und lebten in Verbrechen und Sünde. Sie werden einst nicht nach der höheren Erkenntnis, die *uns* gegeben ist, gerichtet, aber nach der Erkenntnis, die sie selbst hatten. Der ehemalige Herausgeber der Zeitschrift „Die missionarische Weltrundschau", Dr. A. T. Pierson, fragte: „Hat je ein Heide seinem eigenen moralischen Zustand gemäß gelebt, seiner Vorstellung von Gut und Böse? Wir würden sagen: Nein, es haben alle gesündigt. Warum sollte es denn keinem Heiden möglich sein, nach dem Maßstab seiner eigenen Erkenntnis leben zu können? Warum haben alle gesündigt und sich damit schuldig gemacht? Wir würden sagen: Aus demselben Grunde wie auch alle Amerikaner. Von Natur ist ‚keiner gerecht, auch nicht einer'. Warum aber ist das so? Weil wir ein gefallenes Geschlecht sind und mit einem Hang zur Sünde in die Welt hinein geboren werden. Diese Neigung macht uns für alles Böse empfänglich. David sagt: ‚Siehe, ich bin in sündlichem Wesen geboren, und meine Mutter hat mich in Sünden empfangen' (Ps. 51, 7). Diese ‚Ursünde' besteht nicht in der Nachfolge Adams (wie viele irrtümlich behaupten). Sie ist die Verderbtheit der menschlichen Natur, die jeder Nachkomme Adams in diese Welt mitbringt, eine Verderbtheit, durch die der Mensch von der göttlichen Gerechtigkeit getrennt ist. Es ist sein eigenes, allezeit zum Bösen neigendes Wesen. Und weil das Wesen des Menschen verdorben ist, ob er nun als Heide oder in einem christlichen Lande geboren ist, gewinnt die innewohnende Sünde die Übermacht und Herrschaft. Sie nimmt die Seele gefangen, beherrscht und versklavt sie. Deshalb tun die Menschen, was sie selbst für unrecht halten, obgleich sie das Gute anerkennen. Von dieser Regel gibt es keine Ausnahme außer durch die rettende Gnade unseres Herrn Jesu Christi."

Die Heiden sind wie alle anderen Menschen weit davon entfernt, ihrer Erkenntnis gemäß zu leben. Ihr Gewissen ist unruhig, weil sie das Unrecht bewußt tun. Darum sind sie auch verantwortlich für ihr Tun.

Das Maß der Verantwortung

Daß die nicht evangelisierten Heiden eine geringere Verantwortung tragen als jene Menschen, die das Licht des Evangeliums empfingen, ist ohne weiteres klar. Jeder unparteiische Richter wird dem Angeklagten je nach dem Maß seiner Erkenntnis einen bestimmten Grad von Verantwortung zubilligen. Aber gleichzeitig bleibt das wichtige und grundlegende Prinzip bestehen: Die Sünde bekommt ihren Lohn. Was immer dieses Prinzip zu verschleiern oder abzuschwächen sucht, entspricht nicht der echten christlichen Auffassung.

Gott ist ein unparteiischer Richter. „Denn der Herr, euer Gott ..., der keine Person achtet und kein Geschenk nimmt" (5. Mose 10, 17). Er ist „der Vater, der ohne Ansehen der Person richtet nach eines jeglichen Werk" (1. Petr. 1, 17). Wir können deshalb versichert sein, *daß die Heiden nur entsprechend dem Maß der Verantwortung des einzelnen gerichtet* werden. Dieser Grundsatz kommt in der Heiligen Schrift oft zum Ausdruck, und wenn man dazu das Erbarmen Gottes bedenkt, wie es sich am Kreuz offenbarte, so wird es unmöglich sein, Gott der Ungerechtigkeit zu bezichtigen. Jeder, ob unwissender Barbare oder gebildeter Grieche, hat seine Chance. Dr. René Pache sagt: „Gott läßt keine Seiner Kreaturen verlorengehen, ohne daß Er versucht hätte, sie auf Seine eigene Weise zu gewinnen. Wenn also einmal die Zeit gekommen ist, diese Welt zu verlassen, dann hat jeder Mensch genügend Erkenntnis gehabt, Gott anzunehmen oder abzulehnen. Deshalb trägt er Gott gegenüber die volle Verantwortung."

Die folgenden Schriftstellen erwähnen zwar die Heiden nicht besonders, aber sie stützen doch ganz deutlich die Vorstellung, daß sich Belohnung oder Vergeltung nach dem individuellen Maß von Verantwortlichkeit richten wird:

„Der Knecht aber, der seines Herrn Willen weiß und hat sich nicht bereitet, der wird viel Streiche leiden müssen. Der es aber nicht weiß, hat aber getan, was der Streiche wert ist, wird wenig Streiche leiden. *Denn welchem viel gegeben ist, bei dem wird man viel suchen, und welchem viel befohlen ist, von dem wird man viel fordern.*" (Luk. 12, 47. 48.)

„Wenn jemand das Gesetz des Mose bricht, der muß sterben ohne Barmherzigkeit durch zwei oder drei Zeugen. *Wieviel*, meint ihr, *ärgere Strafe wird der verdienen, der den Sohn Gottes mit Füßen tritt?*" (Hebr. 10, 28. 29.)

„Wehe dir, Chorazin! Weh dir, Bethsaida! Wären solche Taten zu Tyrus und Sidon geschehen, wie bei euch geschehen sind, sie hätten vorzeiten im Sack und in der Asche Buße getan. Doch ich sage euch: Es wird Tyrus und Sidon erträglicher gehen am Jüngsten Gericht als euch." (Matth. 11, 21. 22.)

„Die Königin von Mittag wird auftreten vor dem Gericht mit den Leuten dieses Geschlechts und wird sie verdammen; denn sie kam von der Welt Ende, zu hören die Weisheit Salomos. Und siehe, hier ist mehr als Salomo. Die Leute von Ninive werden auftreten vor dem Gericht mit diesem Geschlecht und werden's verdammen; denn sie taten Buße nach der Predigt des Jona. Und siehe, hier ist mehr als Jona." (Luk. 11, 31. 32.)

Hier läßt sich eine bemerkenswerte Feststellung machen. In Seiner Allwissenheit beansprucht unser Herr die Vollmacht, beurteilen zu können, wie die Antwort von Tyrus und Sidon gelautet hätte, wenn ihnen die Vorrechte der beteiligten Städte eingeräumt worden wären. So vertreten auch Gelehrte die Meinung, Gott weiß, wie die Heiden geantwortet hätten, wenn sie das Evangelium vernommen hätten, und Er wird sie entsprechend behandeln.

Es ist klar, daß nicht alle Menschen über dasselbe Maß an Erkenntnis verfügen. Es hat Gott gefallen, sich einzelnen deutlicher zu offenbaren als andern. Der Jude hatte mehr Verantwortung als der Heide. Der entscheidende Faktor ist die persönliche Erkenntnis.

S. D. Salmond schreibt in „Die Bibel des Auslegers":

„Das Prinzip des Grades von Lohn und Strafe muß in vollem Ausmaß als wesentliches und unumgängliches Element der Lehre Jesu angesehen werden. Der Gedanke, daß die Vergeltung dem Ausmaß des Dienstes bzw. des Versagens entspricht, nimmt einen viel größeren Raum in Jesu Lehre ein, als gewöhnlich angenommen wird. Das Ergebnis wird für jeden in gerechter Übereinstimmung mit seinen Gaben und seiner Erkenntnis sein. Denken wir an das Leben mit seinen Ungerechtigkeiten, an das Geheimnis der ungleichen Umstände und an die Menge der Verlorenen, so ist es uns Trost und Hilfe zu wissen, daß Jesus selbst vom verschiedenen Grad der Verantwortlichkeit gesprochen hat. Das verbürgt uns auch die rechte Abstufung der künftigen Vergeltung."

Darum wird, wie Paulus sagt, ein Unterschied gemacht zwischen Menschen, die „ohne das Gesetz", und solchen, die „unter dem Gesetz" gesündigt haben. Die Ansicht von der „Verlorenheit der Heiden", die oft verzerrt wiedergegeben wird, erscheint durch diesen biblischen Grundsatz etwas gemildert.

Die Grundlage des Gerichts

Daß das göttliche Gericht über alle Menschen sowohl gerecht als auch unparteiisch sein wird, geht aus dem Wesen Gottes selbst hervor. Diese Überzeugung fand schon ihren Ausdruck in Abrahams verzweifeltem Ausruf: „Es sei ferne von dir, daß du das tust und tötest den Gerechten mit dem Gottlosen, daß der Gerechte sei wie der Gottlose!" (1. Mose 18, 25.) Beim Nachdenken über Sodom ernüchtert allerdings die Tatsache, daß in diesem Falle die göttliche Gerechtigkeit darauf hinauslief, diese Stadt mit Feuer und Schwefel zu vertilgen. Abraham sorgte sich um die Gerechten, und Gott antwortete auf sein dringliches Gebet. Doch für den unbußfertigen Bösen ist es schrecklich, wenn Gott Gerechtigkeit übt.

Wenn nun die nicht evangelisierten Menschen nicht wegen ihrer Ablehnung eines Christus, von dem sie nie etwas gehört hatten, gerichtet werden, was ist dann die Grundlage ihres Gerichts? Es kann nur der geoffenbarte Wille Gottes sein. Weil es Menschen gibt, die ihnen gegenüber im Vorteil waren, kann das Gericht über sie nicht das gleiche sein. Wie es sein wird, sagt uns die Heilige Schrift:

Der Wahrheit gemäß

„Denn wir wissen, daß *Gottes Urteil recht ist* über die, die solches tun" (Röm. 2, 2). Gott weiß um alle Dinge; für Ihn ist jede Einzelheit von Belang, und Er wird jeden mildernden Umstand voll und ganz berücksichtigen.

Dem Recht gemäß

Es wird das Gericht dessen sein, der nach den Beweggründen im Herzen des einzelnen Menschen urteilt und nicht nach Äußerlichkeiten. „Nun erfahre ich mit der Wahrheit, daß Gott die Person nicht ansieht" (Apg. 10, 34). „Denn es ist kein Ansehen der Person vor Gott" (Röm. 2, 11). Keine unwürdigen Motive werden Gottes Urteil beeinflussen.

Der Erkenntnis gemäß

Wer unter den Juden Christus nicht kennt, wird gemäß seiner eigenen Heiligen Schrift und seinem Glauben an den darin geoffenbarten Gott gerichtet werden. Der Heide ohne das Gesetz wird entsprechend der Erkenntnis, die er aus den bereits erwähnten Quellen gewonnen hat, gerichtet werden. „Welche *ohne Gesetz* gesündigt haben, die werden auch ohne Gesetz verlorengehen, und welche *unter dem Gesetz* gesündigt haben, die werden durchs Gesetz verurteilt werden" (Röm. 2, 12). Man sollte darauf achten, daß der, der „ohne Gesetz sündigt", nicht einfach automatisch vom „Verlorensein" verschont bleibt.

Dies eine kann mit aller Bestimmtheit gesagt werden: Keiner wird aus dem Grunde verdammt werden, daß er Christus verworfen hat, wenn er gar keine Möglichkeit hatte, Ihn anzunehmen. Er wird auch nicht verurteilt werden, weil er nicht einer Erkenntnis gemäß handelte, die er nie besaß, sondern nur deshalb, weil er seine Augen dem Licht verschloß, das er *hatte*.

Den Werken gemäß

„. . . Gottes, welcher geben wird einem jeglichen nach seinen Werken" (Röm. 2, 6). „Die Toten wurden gerichtet nach der Schrift in den Büchern" (Offb. 20, 12). Gott weiß genau Bescheid über eines jeden Werke (Amos 8, 7; Röm. 2, 6). Das Gericht wird sein, „nach dem ein Mensch hat, nicht nach dem, was er nicht hat".

Zusammenfassend sei mit L. Berkhof in „Systematische Theologie" gesagt: „Die Heiden werden gerichtet nach dem natürlichen Gesetz, das sie in ihren Herzen tragen. Die Israeliten des Alten Bundes und jene, die außer der natürlichen Erkenntnis und der Offenbarung des Alten Testaments auch das Licht des Evangeliums haben, werden nach der ihnen geschenkten größeren Erkenntnis gerichtet werden. Gott wird einem jeden seinen Lohn geben."

Wie auch immer das Ergebnis des Endgerichts ausfallen mag, es wird sich klar zeigen, daß unserm barmherzigen Gott kein Vorwurf gemacht werden kann. C. W. Hale Amos schreibt in diesem Zusammenhang: „Wenn Gott will, daß alle Menschen gerettet werden, so können wir daraus folgendes schließen: Kein Mensch auf dieser Erde wird ewig verdammt, sei er nun in bezug auf seine Erkenntnis und Vorrechte Heide oder Halbheide, es sei denn, in seinem Charakter werde etwas gefunden, was der bewußten Ablehnung einer freien und vollbrachten Erlösung gleichkommt. Denn nur solches Verwerfen kann das Verderben jener besiegeln, die den Ruf der Frohbotschaft klar verstanden haben. Wenn wir von den Bedingungen unserer eigenen Erlösung ausgehen, kommen wir unausweichlich zu dem Schluß, daß niemand verlorengeht ohne eigenes Verschulden, ohne seine eigene freie Wahl."

Der Zustand der Heiden

Folgendes ist bezeichnend für unseren gefallenen Zustand: Wo wir Not, Gefahr oder Leiden materieller Art antreffen, bewegt uns das sehr bald; doch gegenüber den geistlichen Bedürfnissen derselben Menschen sind wir oft gleichgültig. Darüber schreibt A. G. Pouncy: „Der Teufel ist gern dazu bereit, sich mit den äußeren Umständen des Heidentums zu beschäftigen. Es ist ihm gleichgültig, wenn wir uns entsetzen über die Krankheiten, die Unwissenheit, den Aberglauben und die Unmoral der Heiden. Es stört seine Pläne nicht, wenn wir Krankenhäuser bauen, Schulen einrichten und sie Ackerbau lehren — dies alles müssen wir tun, wenn wir uns wirklich für unsere Mitmenschen interessieren —, wenn wir nur gleichzeitig dem organischen, geistlichen Krebs gegenüber blind sind, dessen Symptome ja die sichtbaren Nöte bloß sind."

1. *Ihr gegenwärtiger Zustand*

Das eschatologische Element war in den Aussagen Jesu stets gegenwärtig und oft sogar vorherrschend. In dieser Hinsicht standen Seine überlieferten Worte in auffallendem Gegensatz zur gewöhnlichen Predigt unserer Tage. Wie oft nimmt Er in Seinen Reden Bezug auf Hölle und Himmel, Gericht, Auferstehung und das zukünftige Leben! Er machte Seinen Hörern eindrücklich klar, daß aus Seiner Gemeinschaft ausgeschlossen wird, wer Ihn und Sein Wort nicht annimmt, und daß man nur durch Buße und Glaube dem „Verlorenwerden" entrinnen kann (Luk. 13, 3; Joh. 3, 16). Er betonte immer wieder, daß der Mensch nur durch Ihn sich Gott nahen kann: „Ich bin der Weg ...; niemand kommt zum Vater denn durch mich" (Joh. 14, 6).

„Ich bin die Tür ..." (Joh. 10, 9).

„Wer nicht zur Tür hineingeht . . . , der ist ein Dieb und ein Mörder" (Joh. 10, 1).

„Das ist aber das ewige Leben, daß sie dich, der du allein wahrer Gott bist, und den du gesandt hast, Jesum Christum, erkennen" (Joh. 17, 3).

„Es sei denn, daß jemand von neuem geboren werde, so kann er das Reich Gottes nicht sehen" (Joh. 3, 3).

Nimmt man diesen unbedingten, jeden Widerspruch ausschließenden Anspruch Christi ernst, so besagt er doch, daß niemand, ob Zivilisierter oder Heide, sich Gott nahen kann außer durch Ihn und auf dem Wege der Wiedergeburt.

Die Lehre der Apostel unterscheidet sich in keiner Weise von der ihres Meisters. Andernfalls wäre ihr Anspruch auf Inspiration unwiderruflich dahin. Nach der Auffassung der Apostel war die große geistliche Not der Heiden im höchsten Maße trost- und ausweglos:

Ohne Gott, ohne Christus, ohne Hoffnung: „Zu der Zeit wart ihr ohne Christum . . . ; daher ihr keine Hoffnung hattet und wart ohne Gott in der Welt" (Eph. 2, 12).

Ohne Leben: „. . . da ihr tot wart durch Übertretungen und Sünden" (Eph. 2, 1).

Ohne Erleuchtung: „deren Verstand verfinstert ist" (Eph. 4, 18). — „Ihr wart weiland Finsternis" (Eph. 5, 8).

Ohne Freiheit: „. . . daß ihr Knechte der Sünde gewesen seid" (Röm. 6, 17).

Ohne Erkenntnis: „Sie verschmähten es, Gott in

rechter Erkenntnis festzuhalten" (Röm. 1, 28). —
„... die Heiden, die Gott nicht kennen" (1. Thess.
4, 5).

Ohne Erbteil: „... daß kein Götzendiener ein
Erbe hat in dem Reiche Christi und Gottes" (Eph.
5, 5).

Ohne Vergebung: „... ich will dich zu den Heiden
senden ..., damit sie sich bekehren ..., auf daß
sie Vergebung der Sünden ... erlangen" (Apg. 26,
17. 18).

Ohne Entschuldigung: „... also daß sie keine Entschuldigung haben" (Röm. 1, 20).

2. *Ihre Zukunftsaussichten*
Die Lehre der Apostel über Götzendienst und
Zauberei, die fast durchwegs mit dem Heidentum
verbunden sind, ist äußerst ernst und weitreichend
in ihren Folgerungen.

„Laßt euch nicht verführen! Weder die Hurer noch
die Abgöttischen ... werden das Reich Gottes ererben." (1. Kor. 6, 9. 10.)

„Offenbar sind die Werke des Fleisches ... Götzendienst, Zauberei ... Ich sage es euch schon jetzt,
daß, wer solches tut, das Reich Gottes nicht erben
wird." (Gal. 5, 19—21.)

„Der Verzagten aber ... und Zauberer und Abgöttischen ..., deren Teil wird sein in dem Pfuhl,
der mit Feuer und Schwefel brennt" (Offb. 21, 8).

„Draußen sind ... die Zauberer ... und die Abgöttischen" (Offb. 22, 15).

Wenn die Schrift wörtlich genommen werden soll,
dann lehren diese Stellen doch wohl, daß jeder

Mensch, der solche Praktiken übt, vom Königreich Gottes ausgeschlossen wird. Welch großer Teil des Heidentums fällt aber unter diese Kategorie!

Wenn das aber wirklich der gegenwärtige Zustand und die Zukunftsaussicht der Heiden ist und die Gemeinde Jesu die Botschaft besitzt, die allein die oben angeführten tragischen „Ohne" umwandeln kann in den Besitz „des unerforschlichen Reichtums Christi", wie dringend nötig ist dann Mission, und welches Unglück bedeutet es, wenn die Botschaft nicht ausgerichtet wird!

Warum gehen die Heiden verloren?

Gehen sie durch einen Zufall verloren? Sind sie im falschen Lande geboren oder in der falschen Rasse? Gehen sie verloren, weil ihnen die Vorrechte versagt blieben, die die Menschen in Ländern christlicher Zivilisation haben? Bestimmt nicht!

Wenn sie verlorengehen, dann *nicht, weil sie das Evangelium nicht zu hören bekamen.* Daß wir Jesus Christus im Glauben angenommen haben, davon hängt unsere ewige Errettung ab. Nur dies entscheidet über das menschliche Schicksal. Können dann aber die Heiden für eine Entscheidung verantwortlich gemacht werden, die zu treffen sie gar keine Gelegenheit hatten? „Wie sollen sie hören ohne Prediger? Wie sollen sie an den glauben, von dem sie nie hörten?" (Röm. 10, 14.) Eine andere Folgerung würde a!len Grundsätzen göttlicher Gerechtigkeit ins Gesicht schlagen.

Daß die Heiden schon aus dem Grunde verlorengingen, weil sie eine Botschaft nicht annahmen, von der sie nichts wissen, wird man aus keiner Zeile der Heiligen Schrift herauslesen können, noch viel weniger dort ausdrücklich bestätigt finden. Kein evangelischer Christ, der seine Bibel kennt, wird je etwas Derartiges behaupten. Verdammnis gilt für Schuld und nicht für Unkenntnis.

In einer Rede, die Hudson Taylor in Toronto hielt, sagte er: „Ich treffe viele Menschen, die mir sagen: ‚Ich kann nicht glauben, daß die Heiden verlorengehen, weil sie das Evangelium nicht gehört haben.' Ich bin mit ihnen ganz einverstanden. Auch ich glaube nicht, daß sie verlorengehen, weil sie das Evangelium nie zu hören bekamen."

Wenn die Heiden verlorengehen, dann aus dem gleichen Grunde wie alle andern Menschen: *weil sie sündig sind.* Alle Menschen, ob religiös oder zivilisiert, wie auch jene, die man allgemein Heiden nennt, sind verloren, weil sie sündig sind. Alle Menschen wurden mit einer sündigen Natur geboren. „Sie sind allzumal Sünder und mangeln des Ruhms, den sie bei Gott haben sollten" (Röm. 3, 23). Die ganze Menschheit ist ohne Ausnahme in den Fall Adams verwickelt (Röm. 5, 12). In dieser Hinsicht gibt es keinen Unterschied: „Die Schrift hat *alle* beschlossen unter die Sünde" (Gal. 3, 22). „Wir haben bereits nachgewiesen, daß beide, Juden und Griechen, alle unter der Sünde sind" (Röm. 3, 9). Die göttliche Diagnose sagt vom menschlichen Herzen: „Es ist ... ·in trotzig und verzagt Ding" (Jer. 17, 9). „Der natürliche Mensch", ob zivilisiert oder Heide, verlangt nicht nach Gott und Seiner Heiligkeit. Seine allgemeine Haltung ist: „Hebe dich von uns, wir wollen von deinen Wegen nicht wissen! Wer ist der Allmächtige, daß wir Ihm dienen sollten?" (Hiob 21, 14. 15.)

Dr. R. E. Speer schreibt: „Die Menschen sind nicht darum in dieser traurigen Lage, weil sie das Evangelium nie hörten, sondern weil sie Menschen sind. Die Sünde zerstört die Seele und untergräbt die Gotteserkenntnis, die das Leben bedeutet. Nicht weil die Menschen das Evangelium nicht gehört haben, sind sie Sünder. Das Evangelium würde sie retten, wenn sie es hörten und annähmen. Es ist weder die Unkenntnis noch die Ablehnung des Evangeliums, das sie zugrunde richtet; es ist das Wissen um die Sünde."

Sie sind verloren, weil sie ihr eigenes Gewissen verletzt haben und taten, was sie selbst für unrecht hielten. Wer das bewußt tut, lädt unvermeidlich Schuld und Strafe auf sich.

So sind also alle Menschen „Kinder des Zorns von Natur" und haben von Adam nicht bloß eine sündige Natur geerbt, sondern Sünde auf Sünde gehäuft. Dadurch sind sie tiefer und tiefer in die schlimmsten Sünden gefallen. Die Sünde aber verdient ein göttliches Gericht.

Welche Aussichten haben die Heiden,
wenn sie nicht verlorengehen?

Wenn die Heiden, die das Evangelium nicht gehört haben, im Gegensatz zu den vielen klaren Schriftstellen nicht verlorengehen, wie sind dann ihre Aussichten? Einige der am meisten vertretenen Ansichten hierüber seien im Folgenden genannt:

1. *Für die Heiden werde es eine Art Reinigungsfeuer geben*, in dem ihre Sünden ausgelöscht würden. Dies ist zwar ein kluger Versuch zur Lösung des Problems, doch gibt es dafür nicht den geringsten Anhaltspunkt in der Schrift. Dieser Gedanke widerspricht dem erleuchteten christlichen Gewissen.

2. *Es werde für die Heiden eine zukünftige Bewährungsfrist geben.* So sehr dieser Gedanke auch zusagen mag, so wird er doch durch keine einzige klare Aussage der Schrift bestätigt. Dr. A. T. Robertson schrieb als Antwort auf diese Streitfrage: „Dieses Problem ist zu hoch und zu tief für uns. Es ist uns jedenfalls nicht erlaubt, mit Gott zu hadern, weil Er die, die durch Sünde schuldig wurden, ihrer Sünde gemäß bestraft. Gott hat eine sittliche Weltordnung geschaffen, deren Grundlage Gerechtigkeit ist. Es wäre schön, sich auf die sogenannte ‚ewige Hoffnung‘ zu verlassen und an die endliche Errettung aller Menschen zu glauben. Doch gibt es dafür keinen Schriftbeweis oder sittlichen Beweggrund. Dieselben Beweismittel, die die ewige Strafe umstoßen, stoßen auch das ewige Leben um. Wir müssen bedenken, daß

wir weder verstehen, wie schrecklich die Sünde, noch wie heilig Gott ist."

Gäbe es für die Heiden noch eine weitere Gelegenheit, warum dann die Dringlichkeit des Auftrags Christi? Könnte man diesen nicht einfach der Zukunft überlassen, anstatt die Missionare Leiden und Opfer bis hin zum Tod auf sich nehmen zu lassen? Die gegenwärtige Zeit bietet die einzige Gelegenheit zur Rettung, es sei denn, man behauptete, die Schrift lehre eine Allversöhnung. Sie sagt aber: *„Jetzt ist der Tag des Heils"* (2. Kor. 6, 2). „Gott gebietet *jetzt* allen Menschen, überall Buße zu tun" (Apg. 17, 30).

3. *Christus werde ihnen zwar nicht durch die Predigt, dafür aber auf eine andere Weise nahegebracht.* Damit ist gemeint, daß den Heiden auf irgendeine geheimnisvolle Weise dieselbe Gelegenheit zur Entscheidung gegeben werde wie jenen, die das Evangelium hörten. Auch diese ansprechende Ansicht entbehrt jeder Stütze von der Heiligen Schrift her. Es gibt keine einzige Schriftstelle, die uns klar versichert, daß das Sühnopfer Jesu für einen Menschen, der davon nichts hörte, Gültigkeit habe. Erst wenn das Evangelium gepredigt und geglaubt wird, erweist es seine Wirksamkeit (Röm. 1, 16).

4. *Gott in Seiner Allwissenheit wisse auch, wie die Heiden antworten würden, wenn man ihnen das Evangelium brächte, und danach werde Er mit ihnen handeln.* Die einzige Schriftstelle, worauf sich diese Ansicht stützen könnte, steht in Matth. 11, 22—24. Sie wurde bereits erwähnt. Georg Goodman, der bekannte Rechtsanwalt und Evangelist der Brüder-

gemeine, zieht auch diese Stelle zur Unterstützung für seine Ansicht heran. Er schreibt: „Gott sieht, wo ein Heide in Treue dem Licht folgt, das er hat. Als der Allwissende vermag er auch zu erkennen, ob der Betreffende das größere, wahre Licht angenommen hätte, wenn es ihm gebracht worden wäre. Kann die Tatsache, daß das Licht sie nie erreichte, den Erweis Seiner Gnade auch für sie aufhalten?"

Diese Ansicht spricht unzweifelhaft an, anerkennt sie doch, das Gottes Erbarmen auch in solchem Fall nur auf Grund des Mittlerwerks Christi auf die Heiden ausgedehnt werden könnte. Hat aber diese einzige Schriftstelle mit ihrer möglichen, aber nicht zwingenden Auslegung genügend Gewicht, um die große Zahl offensichtlich klarer anderer Aussagen aufzuwiegen? Diese sagen doch deutlich, daß die, die gerettet werden, es nur sind, weil sie an Christus glauben, von dem sie gehört haben.

5. *Wenn auch „die einzige Grundlage der Errettung eines Menschen zu allen Zeiten vor und nach Christus das Sterben und die Auferstehung Jesu Christi ist, so bleibt damit die Tür nicht gewaltsam verschlossen für die, die Seinen Namen nie zu hören bekamen".* Diese Ansicht G. D. Ladds will sagen, daß „die Auswirkung von Gottes Gnade weitreichender sein könnte als das bloße Wissen um das Evangelium, wie Gottes Gnade im Alten Testament ja auch weiter reichte als bis zum Volke Israel ... Nein, wir schlagen die Tür nicht gewaltsam zu vor jenen Millionen, die den Namen Jesu nie gehört haben, ebensowenig wie wir die rettende Erkenntnis

Gottes nur auf die Israeliten des Alten Bundes beschränken können. Wir betonen aber, daß nur das Kreuz und die Auferstehung uns zu retten vermögen. Wir betonen ferner, daß die nichtchristlichen Religionen jeder rettenden Wahrheit entbehren. Es können jedoch Menschenherzen, die die Frohe Botschaft nie vernahmen, sich nach Gott ausgestreckt (Apg. 17, 27), nach dem ewigen Leben getrachtet haben (Röm. 2, 7). Diese haben die wahre Beschneidung im Geist, und ihnen eignet Gott die Erlösung durch Jesus Christus zu. Wie vielen, wissen wir nicht. Wir wissen nur, daß die Größe von Gottes Erbarmen, wie es die Schrift bezeugt, nicht beschränkt ist auf die Orte, wo Seine Gnade klar verkündigt worden ist, sei es in Israel und in der christlichen Kirche. Erst im Endgericht ... wird das abschließende Wort darüber gesprochen, wer gerettet und wer verloren ist."

Diese Ansicht findet in der Schrift offensichtlich eher Rückhalt als die vorher erwähnten. Wenn aber die letzte Wahrheit über ein Thema *alles* das ist, was die Schrift darüber aussagt, können wir dann behaupten, wir hätten hier die letzte Wahrheit? Es gibt viele bereits erwähnte Bibelstellen, die diese Ansicht anscheinend widerlegen. Wenn sie uns trotzdem zusagt, dann nur aus andern Gründen als solchen der Schrift.

6. *Eine weitere Ansicht befaßt sich mit den nicht evangelisierten Heiden und der Welt vor Christi Geburt.* Mancherorts herrscht die Meinung, jedes menschliche Wesen habe einen Anspruch auf Gottes Erbarmen. Doch schon der Gedanke an sich bedeutet

die völlige Verneinung des Begriffs Erbarmen. Dieses ist doch eben ein gnädiges Geschenk, worauf man nicht von vornherein einen Anspruch erheben kann. Ein Erbarmen, auf das man einen Rechtsanspruch hat, ist überhaupt kein Erbarmen.

Zur Zeit des Alten Testaments gab es Menschen, auf die Gott Seine Gnade und Sein Erbarmen ausdehnte, ohne daß sie von Christus wußten, der ja erst kommen sollte. Abraham zum Beispiel lebte in einer heidnischen Umgebung, doch er ging im Glauben auf die Offenbarung Gottes ein und wandte sich ab vom Götzendienst. Er vertraute Gott, „darum ist es ihm auch zur Gerechtigkeit gerechnet" (Röm. 4, 22). Kann die ganze nicht evangelisierte Welt so beurteilt werden, als wäre sie die Welt vor Christi Geburt?

Dr. Welsh sagt zu diesem Problem in seinem Buch: „Wie war es für Abraham und die frommen Juden möglich, von Gott angenommen zu sein ohne das Wissen um den geschichtlichen Jesus . . . ? Sie besaßen ihr Sittengesetz und das Wissen um einen heiligen und barmherzigen Gott. Auch hatten sie ihre Lehre von Sünde, Opfer und Hingabe. Abraham war gerechtfertigt, weil er an Gott glaubte, und dies wurde ihm als Gerechtigkeit zugerechnet. Das war keine Einbildung. Er war nicht gerecht, doch sein Glaube trug den Keim und die Kraft der Gerechtigkeit in sich. In dem Maße, als die Juden von Herzen demütig und gläubig waren und sich auf die Barmherzigkeit Gottes beriefen, die ihnen durch gegenständliche Zeichen und Bilder angedeutet war, und in dem

Maße, wie sie der Erkenntnis folgten, die Gott ihnen schenkte, fanden sie Seine Gnade.

Die Heiden unserer Tage leben gleichsam in der Zeit vor Christi Geburt. Wie Gott damals an den Juden handelte, so handelt Er heute in Asien und in jedem Kontinent und auf jeder Insel, wo man nichts weiß von Christus. Daß die Juden klarere Zeichen und eine klarere Erkenntnis hatten, steht hier nicht zur Diskussion. Gott handelt mit allen Völkern, die vor Christi Geburt lebten, auf dieselbe Weise und nach demselben Grundsatz. Der Gnade, die wenigstens im Herzen des demütigen Juden wohnte, konnten zu allen Zeiten und können jetzt noch die Heiden teilhaftig werden, wenn ihr Geist in gleicher Weise darauf eingeht." Dr. Welsh stellt seine Schlußfolgerungen als Tatsache hin. Doch auch hier gibt es keine klare und eindeutige Aussage der Schrift, die diese außer Frage stellen würde.

Wenn es auch verständlich ist, daß Gott in Seiner Allmacht ohne Predigt des Wortes und Hören des Evangeliums einige erretten könnte, so kann diese Ansicht von der Schrift her nicht absolut überzeugend nachgewiesen werden. Dagegen gibt es eine große Anzahl klarer Schriftstellen, die das Gegenteil zu bestätigen scheinen. Auf alle Fälle gesteht Dr. A. H. Strong, der der erwähnten Ansicht zustimmt: „Die Zahl solcher Menschen ist so gering, daß sie in keiner Weise den Ruf zu missionarischem Dienst abschwächt."

Kornelius wurde als neutestamentliches Beispiel für die oben erwähnte Ansicht angeführt. Doch die

Tatsache, daß er zum Judentum übergetreten war und eine direkte Beziehung zum jüdischen Glauben hatte, der ihn zu einer theistischen Überzeugung führte, teilt ihn einer anderen Gruppe nicht evangelisierter Heiden zu. Er hatte Anteil an der besonderen Offenbarung, die den Hebräern gegeben war. Durch die Verbindung mit dem Gottesvolk war Kornelius das geworden, was von ihm in Apg. 10, 2 gesagt ist. Nur durch das Hören der Predigt des Evangeliums wurde er der Freude einer vollen Erlösung teilhaftig.

Der äthiopische Kämmerer, ebenfalls ein zum Judentum Übergetretener, besaß die Schriften des Alten Testaments, Gottes besonderer Offenbarung an die Hebräer. Doch erst als Philippus ihm Christus predigte, erlebte er das Heil.

Diese beiden Fälle zeigen uns, daß Gott das aufrichtige Suchen anerkennt und diejenigen zur Erkenntnis Christi führt, die auf das Drängen des Heiligen Geistes in ihren Herzen eingehen. Er tat es bei Kornelius, bei dem Äthiopier und bei Paulus. Gott läßt sich von jeder suchenden Seele finden und belohnt den suchenden Glauben. Es ist bemerkenswert, daß Kornelius um mehr Licht bat (Apg. 10, 31. 32). Als Antwort sandte ihm Gott Petrus.

Die Tatsache bleibt jedoch bestehen, daß es keine wirkliche Parallele gibt zwischen diesen beiden Fällen und den Heiden, die das Evangelium nie hörten. Zwar gibt es viele Beispiele, daß Gott auch heute noch so an Menschen handelt wie an Kornelius und dem Äthiopier. Doch gerade diese Fälle sind dazu angetan, die Dringlichkeit und Wichtigkeit unserer missionarischen Verpflichtung zu betonen.

Als Dr. F. B. Meyer durch Indien reiste, pflegte er die Missionare zu fragen: „Kennt ihr in eurem Gebiet einen Kornelius?" Meistens konnte die Frage bejaht werden. Er fand, daß anscheinend überall aufrichtige Menschen lebten, die sich nach einer vollkommeneren Offenbarung ausstreckten. Er verglich sie mit Leucht-feuern, die nur auf den zündenden Funken warteten.

Im Jahre 1953 brachten Missionare der Übersee-ischen Missionsgemeinschaft die Frohe Botschaft zu einem nicht evangelisierten Urstamm der Philippi-nen. Eine alte Frau nahm sie als eine der ersten an. Der Verfasser kannte sie. Als sie vor der Taufe ge-prüft wurde, stellte man ihr die Frage: „Warum bist du zum Glauben an den Herrn Jesus gekommen?" Ihre traurige Antwort traf unser Herz. Sie lautete: „Selbstverständlich, sobald ihr mir von Jesus sagtet. Wärt ihr eher gekommen, dann hätten wir auch eher geglaubt." In Seiner Allmacht ließ Gott es zu, daß China sich den Missionaren verschloß, und führte einen Missionar in dieses Gebiet, damit die geistliche Not einer suchenden Seele gestillt wurde und diese alte Frau das nötige Licht bekam.

Dr. N. L. Niswalden erzählt in einer christlichen Zeitschrift die Geschichte eines Mannes, der im Ge-horsam der Wahrheit lebte, ohne die geschriebene Offenbarung des Wortes Gottes zu kennen. Er ge-hörte einem Volk an, das nie von Jesus gehört hatte. Der Missionar berichtete, wie er einmal während einer seiner Predigten von diesem Hörer besonders beeindruckt gewesen sei. Sein Antlitz habe Interesse und Aufgeschlossenheit ausgedrückt. Das Thema: Christus als Erlöser, habe ihn offensichtlich beglückt und erfreut.

Als der Mann später mit dem Missionar sprach, erzählte er diesem von drei Krisen in seinem Leben. Die erste habe er durchgemacht, als er die Vollkommenheit und das Wunder des Weltalls erkannte. Die Natur offenbarte ihm das ehrfurchtgebietende Wunder eines Allmächtigen. Die nächste Krise war ein starkes Schuldgefühl und Überführtsein von Sünde. Seine Erkenntnis der Größe der Natur brachte ihm seine eigene Unzulänglichkeit zum Bewußtsein. Damals wurde ihm die enge Beziehung zwischen den physischen und sittlichen Gesetzen und der Heiligkeit Gottes bewußt. In der dritten Krise wurde er zum ernsthaften Sucher nach Gottes Antwort auf die Verwirrung seines Herzens und seiner Vernunft. Er bezeugte, wie die Gegenwart eines Erlösers ihm bewußt geworden sei, als er die Vergebung Gottes gesucht habe. „Und jetzt", fuhr er fort, „als ich dich reden hörte, erkenne ich in Jesus den, der meine Sünde sühnte." Hier handelte es sich wirklich um einen modernen Kornelius.

Wesley Gustavson erzählt einmal von zwei chinesischen Fliegeroffizieren, mit denen er über Jesus gesprochen habe. „Einer der beiden wollte mehr hören. Er sagte, er habe noch nie von diesem Jesus gehört, der sogar in Kriegszeiten Frieden zu geben vermöge. Vor einiger Zeit habe er die heidnische Götzenanbetung aufgegeben. Er habe gefühlt, daß diese ihm nie eine Hilfe gewesen sei und er durch sie nie den eigentlichen Zweck des Lebens erkannt habe. Er habe aber ernstlich gebetet, daß Gott, wenn es einen solchen gebe, sich ihm offenbaren möchte. Als ich ihm dann von Jesu Menschwerdung und von Seinem Sterben für unsere Sünden sagte, wodurch wir uns Gott unmittelbar nahen dürften, baten seine Augen um mehr. Immer aufs neue erklärte ich ihm den Heilsweg und antwortete auf seine wohldurchdachten Fragen. Endlich rief er aus: ‚Dieser ist es, den ich suche' und nahm Christus als seinen Erlöser an. Gott sah die Not dieses Herzens und sandte jemand, um sie zu stillen."

Gibt es einen Beweis dafür, daß die Heidenwelt im allgemeinen die Wahrheit sucht, Gott fürchtet und wie ein Kornelius nach Gerechtigkeit trachtet? Das Gegenteil ist der Fall. Wenn die Wahrheit des Evangeliums durch die Missionare angeboten wird, lehnt die Mehrheit sie ab, anstatt sie anzunehmen. Nur wenige sind es, die gegen das Böse angehen, die Dämonenanbetung und den Götzendienst aufgeben oder der Verderbnis und den Ketten der Sünde entgehen wollen.

Wie sehen die Werke der Heiden aus? Diese Frage verlangt nach einer Antwort. Ein Missionar sagte einmal: „Es gibt Menschen, die meinen, die Heiden seien nette, unschuldige Leute, und es sei schade, wenn wir sie aufsuchten und verderbten. Solltest du so denken, dann weißt du nicht, was heidnische Finsternis ist. Es gibt viel Böses im Leben der Heiden. Ihre Werke sind so böse, daß ihr eigenes Gewissen sie verdammt. Manchmal trifft man einen Spitzfindigen, der behauptet, er sei ein guter Mensch und rechne damit, in den Himmel zu kommen. Aber sooft ich mit einem solchen Menschen in nähere Berührung kam, stellte sich jedesmal heraus, daß er es gar nicht wirklich glaubte. Im Gegenteil, sie wissen ganz genau, daß die Leiden von tausend Tagen nicht verglichen werden können mit den Leiden eines einzigen Tages im Geisterreich, dem sie alle entgegengehen."

Daß Gott sich da und dort durch Träume und Visionen oder auf ähnliche Weise zu erkennen gab, kann nicht abgestritten werden. Tatsächlich wird dies von vielen Missionaren aus allen Erdteilen bezeugt. Eine Krankenschwester der Überseeischen Missionsgemeinschaft berichtet folgendes Erlebnis:

„Eines Tages kam am frühen Nachmittag ein Ehepaar in unser Haus in Thailand. Mit besorgten Gesichtern sah ich sie den Weg herunterkommen. Ich dachte, es müßte sich um einen jener Kranken handeln, der befürchtete, er könnte aussätzig sein. Ich fragte mich, wer von den beiden es wohl sein könnte. Aber dann begann die Frau zu reden:

,Es beunruhigt mich etwas, und ich glaube, du bist diejenige, die mir helfen kann.'

,Was ist es?' fragte ich, während ich mich neben sie setzte und erwartete, es werde nun die Geschichte ihres Aussatzes folgen. Statt dessen berichtete sie: ,Ich hatte einen Traum von einem Mann, der Jesus heißt. Kannst du mir vielleicht sagen, wer er ist?'

Damit war eine müde Krankenschwester hellwach

geworden. Die Besucherin erzählte ihren Traum und fragte nach seiner Bedeutung. Sie hatte vor dem Traum nur einmal den Namen Jesus gehört. Seit fünf Jahren hatten sie und ihr Mann Frieden gesucht und sich bemüht, nach den Vorschriften Buddhas ein heiliges Leben zu führen, aber Frieden hatten sie nicht gefunden. Von ihren Nachbarn waren sie für verrückt erklärt worden, weil sie so ernsthaft suchten.

Ich bat den Herrn um Seine Führung. Dann lasen wir drei Stunden lang Schriftstelle um Schriftstelle. Der Heilige Geist leitete uns und schenkte Verstehen. Es war ein Erlebnis, das in Worten nicht beschrieben werden kann, dieses einfache Ehepaar die Tiefen des göttlichen Wortes verstehen zu sehen ... Am nächsten Montag kamen sie wieder und bezeugten gemeinsam:

,Wir haben jetzt Frieden und Freude gefunden wie nie zuvor in unserm Leben.'"

Dr. H. W. Frost schreibt in seiner Schrift „Der geistliche Zustand der Heiden": „Es ist eine beachtenswerte Tatsache, daß Gott solchen Erlebnissen immer eine Grenze gesetzt hat. Kornelius wurde gezeigt, er solle zu Petrus schicken. Die Gegenwart des Apostels und die Predigt von dem gekreuzigten Erlöser waren nötig, damit seine Hörer das Heil erfassen konnten. Männer und Frauen im Heidenland haben ,Männer in weißen Kleidern' gesehen, die ihnen sagten, sie sollten in bestimmte Städte oder Kapellen gehen und der Lehre glauben, die sie dort hören würden. Sie mußten aber *gehen*, den Prediger des Evangeliums *aufsuchen, hören* und *glauben,* um die volle Bedeutung der Vision verstehen zu können. Gott hätte den Menschen das Evangelium ja auch unmittelbar durch Träume, Visionen und Offenbarungen verkündigen lassen können, aber er hat das nicht getan, sondern das Predigen dem Menschen übertragen. Sie sollten zu Jüngern machen alle Völker." Die Verantwortung liegt voll und ganz auf unseren Schultern.

Gibt es für die nicht evangelisierten Heiden eine Hoffnung außer dem Glauben an Christus?

Nachdem wir uns bemüht haben, mögliche Alternativen zu prüfen, müssen wir auch diese abschließende Frage noch stellen und zu beantworten suchen. Sind wir davon überzeugt, daß die Heiden verlorengehen, wenn sie vom Evangelium nicht erreicht werden, so bedrückt uns das, und wir müssen deshalb jeder Schriftstelle, die uns diese Last erleichtern könnte, die gebührende Bedeutung zumessen. Denn die Folgen sind so furchtbar, daß nur ein Unmensch es unterlassen könnte, in der Schrift nach einem Ausweg zu forschen, der eine begründete Hoffnung darauf zu geben vermöchte, daß auch jenen Heiden schließlich Erlösung zuteil würde. Der Verfasser hat nach einem eindeutigen Wort in der Schrift gesucht, das einen solchen Schluß rechtfertigen würde, aber er fand keins. Er maßt sich jedoch nicht an, zu meinen, er habe Gottes Gnade und Barmherzigkeit voll erkannt. Daß die biblische Lehre in diesem Punkt unsere menschlichen Gefühle verletzt oder nicht mit unseren philosophischen Ansichten übereinstimmt, ist kein Grund, sie von der Hand zu weisen. Wir müssen doch zugeben, „wie ungeheuerlich die Anmaßung des Menschen ist: Sein sittliches Erkennen ist getrübt und seine geistliche Schau durch die Sünde, die ihn verderbt hat, verzerrt. Trotzdem nimmt er sich heraus, zu Gericht zu sitzen über die Wege dessen, der aller Welt Richter ist".

Dr. H. Lindsell prüfte in seinem Buch „Eine christliche Missionsphilosophie" die Frage, ob nichtevangelisierte Heiden unbedingt an Christus glauben müßten, um gerettet zu werden. Das folgende ausführliche Zitat hat nach Ansicht des Verfassers festen biblischen Grund. Er schreibt:

„Und wieder gehen wir zur Quelle unserer Theologie der Endzeit und entdecken, daß es in ihr nichts gibt, woraus man folgern könnte, es gebe eine Hoffnung für jene Menschen, die sterben, ohne je von Christus gehört zu haben. Die Schrift sagt unmißverständlich, es gebe unter dem Himmel keinen andern Namen, durch den die Menschen gerettet werden könnten. Sie lehrt deutlich, der Leib Christi, die Gemeinde, umfasse nur solche, die durch die Annahme des Werkes und Verdienstes Jesu Christi wiedergeboren wurden. Ohne Christus gibt es keine Hoffnung für den Menschen. Es ist für jeden unmöglich, ohne Christus gerettet zu werden. Doch enthält diese Behauptung eine offene Stelle, die erwähnt werden muß, damit jedes Mißverständnis ausgeschlossen ist. Die Feststellung, daß kein Mensch ohne Christus gerettet werden kann, ist *eine* Sache. Eine andere ist es aber, dies auf die gesamte Menschheit zu beziehen und zu sagen, es gebe keine Hoffnung für die Menschen, wenn sie nicht durch ihre Mitmenschen und deren Bemühungen von Christus hören. Viele sind bereit zu einem Lippenbekenntnis, daß kein Mensch ohne Christus gerettet werden kann. Daß aber die, die nie Gelegenheit hatten, von Menschen das Evangelium zu hören, ganz bestimmt auch keine übernatürlichen Offenbarungen empfangen werden, diese Feststellung lehnen sie ab. Sie halten die natürliche Offenbarung für unzulänglich. Gleichzeitig lehnen sie es aber ab zu glauben, daß nach der biblischen Lehre Gott nicht *außerhalb* des Bereichs christlicher Offenbarung gewirkt hat. Kraemer sagte, nach seiner Ansicht gab es und gibt es auch heute Menschen, die für Gott um ihres Glaubens willen annehmbar seien, obgleich sie unter dem Einfluß nichtchristlicher Religionen lebten. Diese seien nicht Geschöpfe nichtchristlicher Religionen, sondern des geheimnisvollen Wirkens des Geistes Gottes. Kraemer unterstrich diese These, indem er erklärte: ‚Bewahre Gott uns Menschen davor, bar aller Ehrfurcht bestimmen zu wollen, wie und wo Er, der Allerhöchste, der Gott der Gnade und der Liebe, zu handeln hat!'

Als Antwort diene ganz einfach die Feststellung, daß diese Annahme des Schriftbeweises entbehrt. Wäre sie überhaupt möglich, so gibt es keine bestimmte Aussage darüber, noch kann sie aus irgendeiner Schriftstelle gefolgert werden. Wir können noch weiter gehen und sagen, daß schon die Tatsache der Offenbarung Gottes an sich diese Annahme eines göttlichen Wirkens außerhalb der Offenbarung in Christus als unvernünftig erscheinen läßt. In einer Frage von so großer Wichtigkeit ist es kaum möglich zu glauben, Gott verschwiege es, wenn Er in dieser Weise wirkte. Niemand wird die Tatsache leugnen, daß Gott wirkt, wo und wie es Ihm gefällt. Aber zum Ausgangspunkt göttlichen Handelns zu machen, was der Natur und dem Wesen Gottes offensichtlich zuwiderläuft, ist unbiblisch und jenseits aller vernünftigen Überlegung. Es gibt keine Grundlage für eine solche Ansicht außer dem mitfühlenden Herzen, dem sie entspringt und das wünscht, die Heiden hätten neben ihren unzulänglichen Religionen eine besondere Gelegenheit zu ihrer Errettung ...

Auch wenn auf ein Handeln Gottes außerhalb des Christentums Anspruch erhoben wird, bleibt immer noch das Problem der Gerechtigkeit Gottes, daß Er zwar einige hereinläßt auf Grund solch geheimnisvollen Wirkens, andere dagegen ausschließt von dieser einzigen Chance, dem Verlorensein zu entrinnen. All diesen Schwierigkeiten auszuweichen, kann nicht die Antwort auf dieses Problem sein. *Wir müssen einfach zugeben, daß Gott gerecht ist in allem, was Er tut. Seine Gerechtigkeit ist in allen Fällen wirksam trotz allem Anschein des Gegenteils. In unserer Begrenztheit erkennen und verstehen wir viele Einzelheiten nicht, die das ganze Bild erst gerecht und richtig machen. Der Glaube schließt hier das Ver-*

trauen in die Gerechtigkeit Gottes in jedem Falle ein.
Er versucht sich nicht in der Konstruktion von Aus-
weichmöglichkeiten für Bereiche, wo wir kein Licht
sehen können.

Wenn wir also den Gedanken ablehnen, daß Gott
sich außer dem durch die Gemeinde Jesu vermittelten
Evangelium offenbart, sieht die Lage im Blick auf
die Heiden sehr schlimm aus. Das sollte andererseits
die Herzen der Christen erschüttern und die Gemeinde auf die Knie zwingen. Sie müßte aufrichtig
und ernsthaft dem abzuhelfen suchen, daß so viele
Menschen ohne Christus und damit ohne Hoffnung
sind in dieser Welt und in der Ewigkeit.

Wie dem auch sei, es hat doch jeder Christ eine
Hoffnung in all dem Dunkel und erkennt, wie Gott
in besonderen Fällen an den Heiden handelt, die
aufrichtig nach dem Licht suchen, auch wenn sie nicht
wissen, was das Licht ist. Doch stimmt dieses Wirken
Gottes mit der Offenbarung überein und steht in
vollem Einklang mit der Art Seines Handelns in
unserer Zeit. Missionare berichten von Menschen,
denen sie das Evangelium sagten und die durch eine
solche Begegnung gerettet wurden. Das Gespräch mit
ihnen ließ erkennen, daß sie sich nach der Wahrheit
ausgestreckt und diese gesucht hatten. Doch die
Wahrheit erreichte sie nicht durch eine übernatürliche
Offenbarung, sondern durch einen der Missionare,
der mit dieser Frohbotschaft ausgesandt wurde. Die
Begegnung war eine ganz natürliche, von Gott ge-
führt und geleitet. Statt dem Heiden eine übernatürliche Offenbarung zu gewähren, führte sie Gott zum

Hören des Evangeliums Christi, wodurch sie gerettet wurden."

Es muß jedoch wahrheitsgemäß gesagt werden, daß es heute in der Welt viele Gebiete gibt, wo Missionare das Wort schon seit Jahren predigen, ohne von einer einzigen Seele zu wissen, die mit einem Kornelius verglichen werden könnte. Dr. R. E. Speer sagt darüber: „Menschen, ob Heiden oder nicht, werden nur durch Gott in Christus gerettet. Zwar sind wir bereit, den modernen Abraham und Kornelius anzuerkennen, wo er zu finden ist. Doch wissen wir nicht, wo er gefunden werden könnte. Das wissen wir aber, daß, wenn er gefunden wird, er Christus als den Retter erkennen wird, den er im Glauben suchte."

Die Verantwortung der Christen

Wenn die bisherigen Überlegungen die biblische Lehre in bezug auf den geistlichen Zustand der nicht evangelisierten Heiden deutlich gemacht haben — und ich glaube, sie haben es getan —, wie *dringend* ist dann unsere Verpflichtung, allen Menschen von Christus zu sagen! Selbst wenn die hier eingenommene Haltung in Frage gestellt werden sollte, daß unsere Ausführungen die tatsächliche Lage aufzeigen, welche Last der Verantwortung liegt auch dann noch auf uns! Daß wir um Christus wissen, legt uns die unausweichliche Verpflichtung auf, dieses Wissen unverzüglich anderen Menschen weiterzugeben. Damit zurückzuhalten, ist ein Verbrechen von unendlichem

Ausmaß gegen jenen Teil der Menschheit, der noch heute in äußerster Finsternis lebt.

Die Gemeinde Christi und einzelne Christen werden einst dafür zur Verantwortung gezogen werden, daß sie die rettende Wahrheit den Seelen vorenthielten. Die Geschichte der Mission in allen Ländern ist voll der schmerzlichen Begebenheiten, die uns deutlich machen, wie unheilvoll jeder Aufschub ist.

Ein alter Eskimo sagte einmal zu einem Bischof: „Du hast viele Monate in diesem Land zugebracht. Hast du diese gute Botschaft gekannt? Hast du schon als Knabe davon gewußt? Hat dein Vater sie gewußt? Wenn es so ist, warum bist du dann nicht eher gekommen?"

Ein Peruaner der schneebedeckten Anden rief einmal aus: „Warum habe ich in all den Jahren meines Lebens nie gehört, daß Jesus Christus solch herrliche Worte sagte?"

In Casablanca fragte ein Maure einen Bibelkolporteur: „Warum seid ihr mit diesem Buch nicht überallhin gelaufen? Warum wissen so wenige meiner Leute von Jesus, von dem darin die Rede ist? Warum habt ihr es für euch allein behalten? Schämt euch!"

Eine Ägypterin sagte, als sie das Evangelium zum erstenmal hörte: „Es ist eine wunderbare Geschichte. Wird sie von Frauen deines Landes geglaubt?"

„Ja."

Pause. „Ich kann es mir nicht denken, daß sie die Geschichte glauben. Wäre dem so, dann hätten sie nicht so lange gewartet, bis sie sie uns brachten."

„So bist du endlich gekommen", sagte ein Tao-
istenpriester zu einem Missionar, als dieser einen
chinesischen Tempel betrat. Dieser Mann wußte
durch eine Vision, daß eines Tages ein Botschafter
aus einem fernen Lande kommen werde. Aber warum mußte er achtzehn Jahre warten?

„Wie lange habt ihr in England die Frohe Bot-
schaft gehabt?" wurde einst Hudson Taylor von Mr.
Nyi gefragt. Zögernd antwortete er: „Einige hundert
Jahre."

„Was? Einige hundert Jahre? Ist es möglich, daß
ihr so lange schon von Jesus wußtet und seid erst
jetzt zu uns gekommen, um uns von Ihm zu sagen?"

Eine Mohammedanerin in Bengalen fragte eine
Missionarin: „Wie lange ist es her, seitdem Jesus für
sündige Menschen starb? Sieh mich an! Ich bin alt.
Ich habe gebetet, Almosen gegeben, die heiligen
Schreine aufgesucht, bin vom vielen Fasten wie Staub
geworden, und dies alles soll nichts nützen? Wo bist
du in all dieser Zeit gewesen?"

Ja — *wo?*

Am Anfang der Menschheitsgeschichte verlangte
Gott von einem Menschen Rechenschaft über seinen
Bruder, dessen Blut vom Erdboden her zu Ihm
schrie. Es ist eine erstaunliche Tatsache, daß der erste
Mensch, der für seinen Bruder zur Rechenschaft ge-
zogen wurde, ein Mörder war (1. Mose 4, 8—10).
„Soll ich meines Bruders Hüter sein?" So lautet die
Frage eines Menschen, der den Adel des menschlichen
Lebens verachtet und den Wert einer Seele nicht
kennt. Wir *sind* verantwortlich für unsere Brüder.

Unser Herr bestätigte die Lehre des Alten Testaments durch Seine Erklärung, auf Israel liege eine Blutschuld: „Darum siehe, ich sende zu euch Propheten . . . ; auf daß über euch komme all das gerechte Blut, das vergossen ist auf Erden, von dem Blut des gerechten Abel an bis aufs Blut des Zacharias . . . , welchen ihr getötet habt zwischen dem Tempel und Altar" (Matth. 23, 34. 35).

Unser Herr hat in Seinem Missionsbefehl den Bereich unserer Verantwortlichkeit bezeichnet: „Gehet hin und *lehret alle Völker!*" (Matth. 28, 19.) „Gehet hin in alle Welt und predigt das Evangelium *aller Kreatur!*" (Mark. 16, 15.) „Ihr werdet meine Zeugen sein *bis an das Ende der Erde*" (Apg. 1, 8). Selbst wenn jemand rein akademisch unsicher wäre über das Schicksal, das die Millionen erwartet, die nie von Christus gehört haben, wenn er auch nur vom künftigen Verderben *eines einzigen Prozents der Menschheit* überzeugt wäre, das Gleichnis vom verlorenen Schaf zeigt uns, daß wir auch dann zum „Gehen" verpflichtet sind, daß keine Gefahr uns zu groß, kein Preis uns zu teuer sein darf.

Wir sollten ernsthaft über den tieferen Sinn folgender Schriftstellen nachdenken: „Errette die, so man töten will, und entzieh dich nicht von denen, die man würgen will! Sprichst du: ‚Siehe, wir verstehen's nicht', meinst du nicht, der die Herzen wägt . . . , vergilt dem Menschen nach seinem Werk?" (Spr. 24, 11. 12.)

„Wenn ich zu dem Gottlosen sage: Du Gottloser mußt des Todes sterben, und du sagst ihm solches nicht, daß sich der Gottlose warnen lasse vor seinem Wesen, so wird wohl der Gottlose um seines gottlosen Wesens willen sterben; aber sein Blut will ich von deiner Hand fordern." (Hes. 33, 8.)

Unsere Verantwortung für die Rettung der Heiden wird so groß sein wie unsere Fähigkeit und Gelegenheit, ihnen das Evangelium zu bringen oder zu ermöglichen, daß es ihnen gebracht wird. Es ist wahr, Jesus allein kann die Heiden retten. Doch die Schrift lehrt, daß nicht Er allein sie errettet. Er vereinigt Seine Gemeinde mit sich selbst zu dieser dringenden Aufgabe. Versäumt die Gemeinde Seinen Befehl und Auftrag, macht sie sich nicht bloß des bewußten Ungehorsams schuldig. Sie ist in ihrem Ungehorsam verantwortlich für alle jene, die verlorengehen und die gerettet worden wären, wenn wir ihnen das Evangelium gebracht hätten. Wenn wir nicht alles in unserer Macht Stehende tun, ihnen dieses nahezubringen, dann müssen wir in das Gebet Davids einstimmen: „Erlöse mich von der Blutschuld!" und werden dermaleinst vor dem Richterthron erscheinen müssen mit Händen, die mit dem Blut der Seelen gezeichnet sind, die hätten gerettet werden können, wenn wir treu gewesen wären.

„Es muß bedacht werden, daß eine Generation Menschen nicht warten kann, bis es der Gemeinde Jesu paßt, sie zu evangelisieren. Menschen werden geboren und sterben, ob die Christen nun zu ihrer Evangelisierung bereit sind oder nicht. Darum werden die Heiden nie ganz evangelisiert werden, wenn nicht die Gemeinde jeder Generation sie mit dem

Evangelium erreicht ... In der Arbeit der Evangelisation ist es immer so, daß die Gegenwart nie die Zukunft voraussehen und die Zukunft nie die Vergangenheit ersetzen kann. Was zur Rettung der Seelen getan werden kann, muß geschehen durch die lebende Generation." (Dr. H. C. Frost)

Wenn wir einwenden, es müsse für die, die nie davon hörten, einen Weg zum Eingang in das Himmelreich geben außer durch den Glauben an Christus, dann lähmen wir allen Eifer missionarischen Einsatzes. Es bleibt nur noch die Menschenfreundlichkeit als Grundlage. Dieser Gedanke nimmt unserer Aufgabe alle Dringlichkeit. Wir wissen um die Wirklichkeit der Hölle und kennen den Weg, ihr zu entfliehen. Wie werden *wir* ihr entfliehen, wenn wir es versäumen, die Nichtevangelisierten zu warnen?

Ein Student fragte einst C. H. Spurgeon, ob er glaube, die Heiden, die das Evangelium nie zu hören bekamen, würden gerettet? Der berühmte Prediger antwortete: „Diese Frage stellt man sich am besten selbst. Können wir, die wir das Evangelium haben und es andern nicht weitersagen, gerettet werden?"

Die Worte eines Arabers, wenn auch zu einer Generation der Vergangenheit gesprochen, haben auch für die junge Generation unserer Tage eine Bedeutung: „Während große Erdteile mit tiefster Finsternis bedeckt sind und Hunderte von Millionen noch unter den Schrecken des Heidentums und des Islams leben müssen, liegt die Last der Verantwortung auf dir, ob die Umstände, in die Gott dich gestellt hat, dich vom Missionsfeld fernhalten können."

Zum Weiterdenken:

Elizabeth Goldsmith

Auf die Plätze – fertig – los!

80 Seiten, ABCteam-Paperback Nr. 271

Vielleicht haben Sie sich schon des öfteren darüber Gedanken gemacht, ob Gott nicht auch Sie zu einer Arbeit in seinem Reich »einstellen« will? Vielleicht »nur« in einen bescheidenen Dienst neben Ihrer Berufsarbeit? Beispielsweise in einen Kurzeinsatz daheim oder im Ausland? Oder will er aus Ihnen gar einen Missionar machen, den er in sein weltweites Erntefeld senden kann?

»Ja, woher soll ich das denn wissen?« werden Sie sich fragen. Elizabeth Goldsmith geht auf Ihre Fragen ein. Als langjährige Missionarin in Übersee und Lehrerin an einer Bibelschule ist sie dazu bestens in der Lage. Die Entscheidungshilfen, die sie hier gibt, sind sehr direkt, praktisch und lebensnah.

Sie möchte uns die »Startlöcher« graben zu einer ganz besonders verheißungsvollen Laufbahn. Sind wir dabei? Der Startschuß fiel vor bald 2000 Jahren . . .!

Brunnen-Verlag · Basel und Gießen